ELVIRA DRUMMOND

Caderno Preparatório

INICIAÇÃO AO PIANO

Nº Cat.: BQ141

Irmãos Vitale Editores Ltda.
vitale.com.br
Rua Raposo Tavares, 85 São Paulo SP
CEP: 04704-110 editora@vitale.com.br Tel.: 11 5081-9499

© Copyright 2013 by Irmãos Vitale Editores Ltda. - São Paulo - Rio de Janeiro - Brasil.
Todos os direitos autorais reservados para todos os países. *All rights reserved*.

Caderno Preparatório

Elvira Drummond

INICIAÇÃO AO PIANO

ÍNDICE

	Pág.
(Apresentação do Teclado e Suas Regiões)	7
Explorando uma só Região	13
Explorando Regiões Alternadamente	14
Explorando Regiões Simultaneamente	15
Explorando Regiões com Constante Alternância	16
Alternância e Salto	17
O Trenzinho	19
Tocando	21
Café com Pão	22
Carneirinho Fujão	23
Os Animais	24
Recordando	25
Vamos Brincar de Baralho!	26
(Conhecendo os Grupos de Notas Pretas)	29
(Desenho das Mãos)	31
A Gangorra	32
No Mesmo Lugar / Lé com Lé	33
(Explorando os Grupos de 3 Notas Pretas)	34
Eu sei!	37
O Sorvete	38
Meu Papagaio	39
A Campainha	40
Passeando com Você	41
No Carrossel	42
(Introduzindo Mais uma Linha!)	45
A Montanha	48
Subindo e Descendo	49
Meu Aquário	50
A Natureza	51
O Mosquito	52
O Caçador	53
(Trabalhando as Notas na Linha e Espaço!)	55
(Apresentação das Claves)	58

INTRODUÇÃO

Ao fazer uso do seu primeiro livro de piano, a criança se depara com inúmeros elementos que, apresentados simultaneamente, dificultam, na maioria das vezes, seu processo de aprendizagem musical. O domínio da relação leitura-execução (atitude-reflexo), a familiarização com o instrumento, mais o controle motor, constituem um acúmulo de elementos para esta etapa que ainda é preliminar. O processo de "decifragem" pode tornar o aluno tão "preso", que sua própria musicalidade é esquecida em função da decodificação dos símbolos.

Tendo em vista tais dificuldades é que foi criado este "Caderno Preparatório", que nada mais é do que um material a ser utilizado na etapa que precede o uso de qualquer método de iniciação ao piano. É uma tentativa de simplificar, de maneira agradável, o início do estudo deste instrumento.

Convém lembrar que, antes do pianista está o músico a ser formado e que o primeiro não existe sem o segundo, portanto, foi em função do desenvolvimento da musicalidade, criatividade e, sobretudo da busca de uma atitude natural da criança em relação ao piano que nasceu o "Caderno Preparatório", resultado de uma experiência de cinco anos consecutivos com crianças na faixa etária de cinco a sete anos. Neste período foram feitas observações sistemáticas das atitudes das crianças ao se defrontarem com o piano pela primeira vez, bem como estudos de anatomia em função da relação criança/instrumento. Os exercícios formulados foram também testados por vários professores.

Com a intenção de poder compartilhar com um número maior de pessoas envolvidas no ensino pianístico, é que o presente trabalho está sendo publicado. Ele não é uma resposta definitiva, mas uma alternativa aberta que poderá ser completada de acordo com as necessidades de cada criança. O professor poderá adaptar o material didático à sua realidade, sendo sempre atento, sensível, e acima de tudo tendo amor ao seu trabalho.

NOTAS

Na seqüência dos exercícios, apresentamos o teclado dividido em três regiões (grave, média e aguda), para que o aluno se familiarize com o todo e, partindo de movimentos amplos, alcance um maior controle quando se fixar em qualquer região.

A princípio as teclas são indeterminadas, observando-se apenas a indicação das regiões. Deve-se começar com quedas livres da mão que implicam nos movimentos amplos que abrangem todo o braço, para que se consiga o relaxamento necessário (ver pág. 5 a 8).

Em seguida, usamos "clusters" de cinco dedos, o que ajudará na formação da postura da mão (ver pág.10 a 24). Pode-se, então, dar início ao trabalho de "dedos isolados", deixando por último a abordagem do polegar, devido a sua conformação diferente. Sua falange apresenta-se na parte interna da mão e, seu tendão fica localizado acima dos outros tendões.

Sugerimos que se inicie com o terceiro dedo que, sendo central, proporciona o equilíbrio desejado (ver pág.28 e 29). Em seguida os dedos segundo e quarto que, pela proximidade de tamanhos, continua a favorecer o equilíbrio e a forma da mão. Com estes três dedos sugerimos que se trabalhe no grupo de três teclas pretas — de fácil localização — o que favorece muito a boa colocação da mão.

No que se refere a leitura, abordamos as notas distribuídas em linha e espaço ( ). Surgem também as indicações dos compassos: (2 •), (3 •), (4 •) e a ligadura em notas da mesma altura para aumentar os seus valores ( ).

É muito oportuna, neste estágio, a prática da transposição, indispensável para o desenvolvimento melódico-auditivo.

Finalmente chegamos ao pentacorde, com a ação dos cinco dedos, com o cuidado de manter a mão numa postura correta.

Culminamos o enfoque da leitura na apresentação das claves e pautas, considerando que o aluno está plenamente preparado para tanto.

Todo o trabalho deverá ser feito com "prazer de tocar", por parte do aluno e do professor. A satisfação de fazer música é essencial para se realizar um trabalho sério e produtivo.

Aos alunos:

Marcelo, Álamo, Herlon,
Joimara, Marúsia, Natália,
Ana Karine, Milena, Michelle,
Ana Flavia, Polyana,
Maria Emília e Renata
por ajudarem
a "mostrar o caminho".

Aos professores
do Conservatório de Música
Alberto Nepomuceno (Fortaleza) e
Musici (Núcleo de Ensino e Prática
de Música – São Paulo),
pelo apoio e incentivo.

Elvira Drummond

*Aqui está o **teclado** do nosso piano!*

Quando "caminhamos" pelo teclado indo da esquerda para a direita estamos "subindo"!

Experimente subir o teclado usando a palma de sua mão. Para isso vamos deixar o braço bem "preguiçoso", procurando não fazer força na mão. Assim você já estará se exercitando para conseguir uma **sonoridade** bonita no piano.

"Caminhando" pelo teclado da direita para esquerda, estamos "descendo"!

Usando novamente a palma da mão, faça um "passeio" descendo pelo teclado.

*Assim você realiza uma subida. À medida que tocamos em direção à direita os sons ficam mais **agudos**.*

*Assim você realiza uma descida. À medida que tocamos em direção à esquerda os sons ficam mais **graves**.*

Agora observe:
   Os sons que moram no meio do teclado, entre o lado grave (esquerdo) e o lado **agudo** (direito), são chamados de sons **médios**. Deste modo podemos dividir o teclado em três **regiões**:

REGIÃO GRAVE   ***REGIÃO MÉDIA***   ***REGIÃO AGUDA***

Para que você possa tocar nestas três regiões, vamos desenhar três linhas, e determinar que:

Na linha de cima escreveremos sons **agudos**:

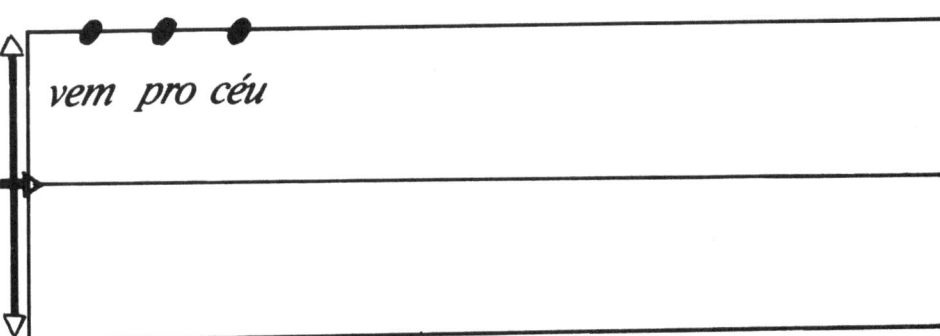

Na linha do meio escreveremos sons **médios**:

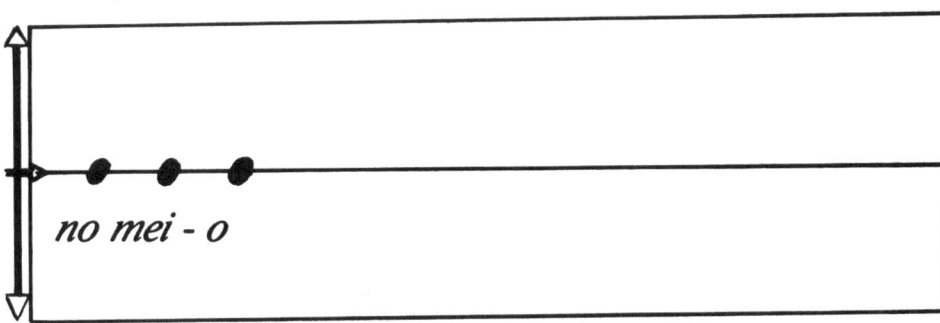

E na linha de baixo escreveremos sons **graves**:

Você deve falar e tocar ao mesmo tempo. Use a palma da mão, deixando o braço bem relaxado.

Toque e depois escreva o seu nome na região aguda:

Faça a mesma coisa na região média:

Idem para a região grave:

Vamos combinar também que:

*O uso da sua **mão direita** será indicado pelo aviso: M.D.*

*O uso da sua **mão esquerda** será indicado pelo aviso: M.E.*

O lado direito do piano, onde fica a Região ...., quase sempre será tocado com a M.D.

O lado esquerdo do piano, onde fica a Região ...., na maioria das vezes será tocado com a M.E.

O meio do teclado que chamamos de Região ...., usaremos a M.D. ou a M.E.

Toque e fale ao mesmo tempo:

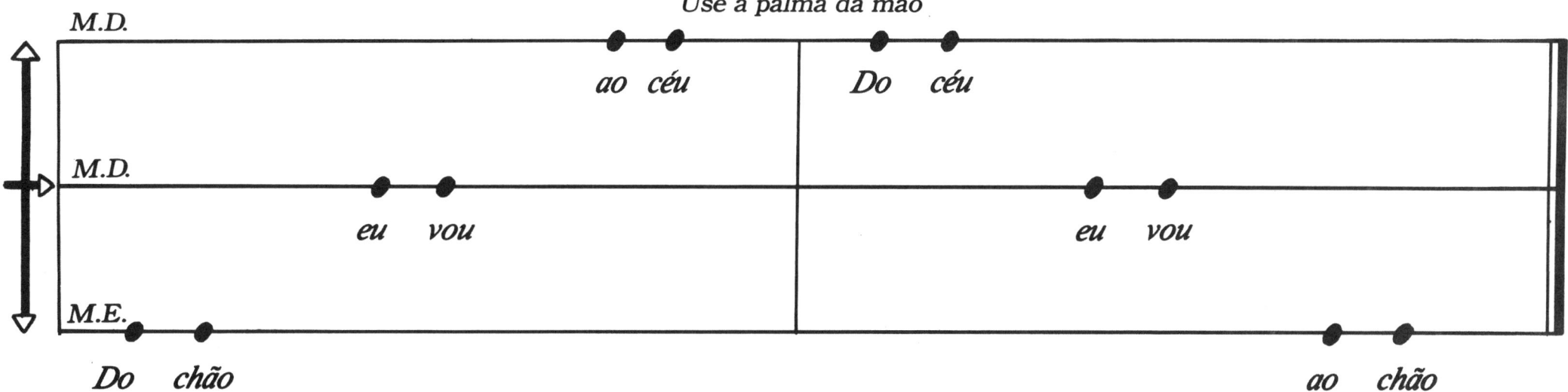

Cluster *é uma palavra inglesa que significa "cacho". Usamos portanto um cacho de dedinhos para tocar, e também um cacho de teclas afundam ao mesmo tempo quando tocamos um cluster, não é?*

Podemos tocar clusters em qualquer lugar do teclado.

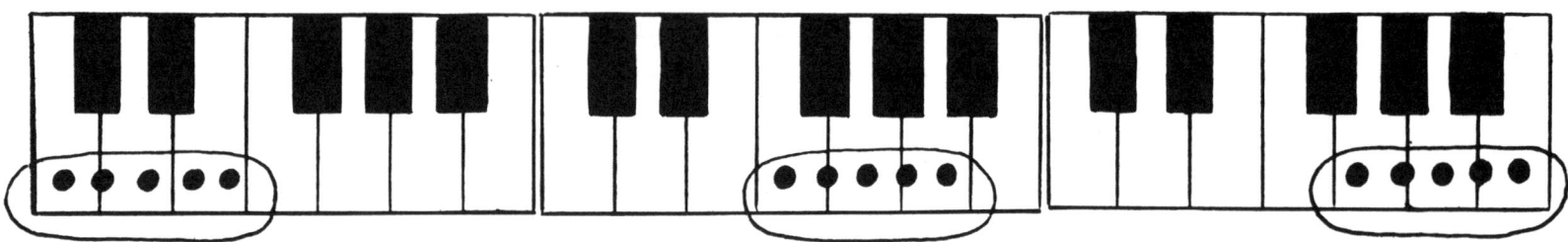

EXPLORANDO UMA SÓ REGIÃO

Vamos ver como você se sai usando cluster para tocar a frase do "Gato Guloso!"

Que tal tocar a mesma frase na região média e depois na região aguda?

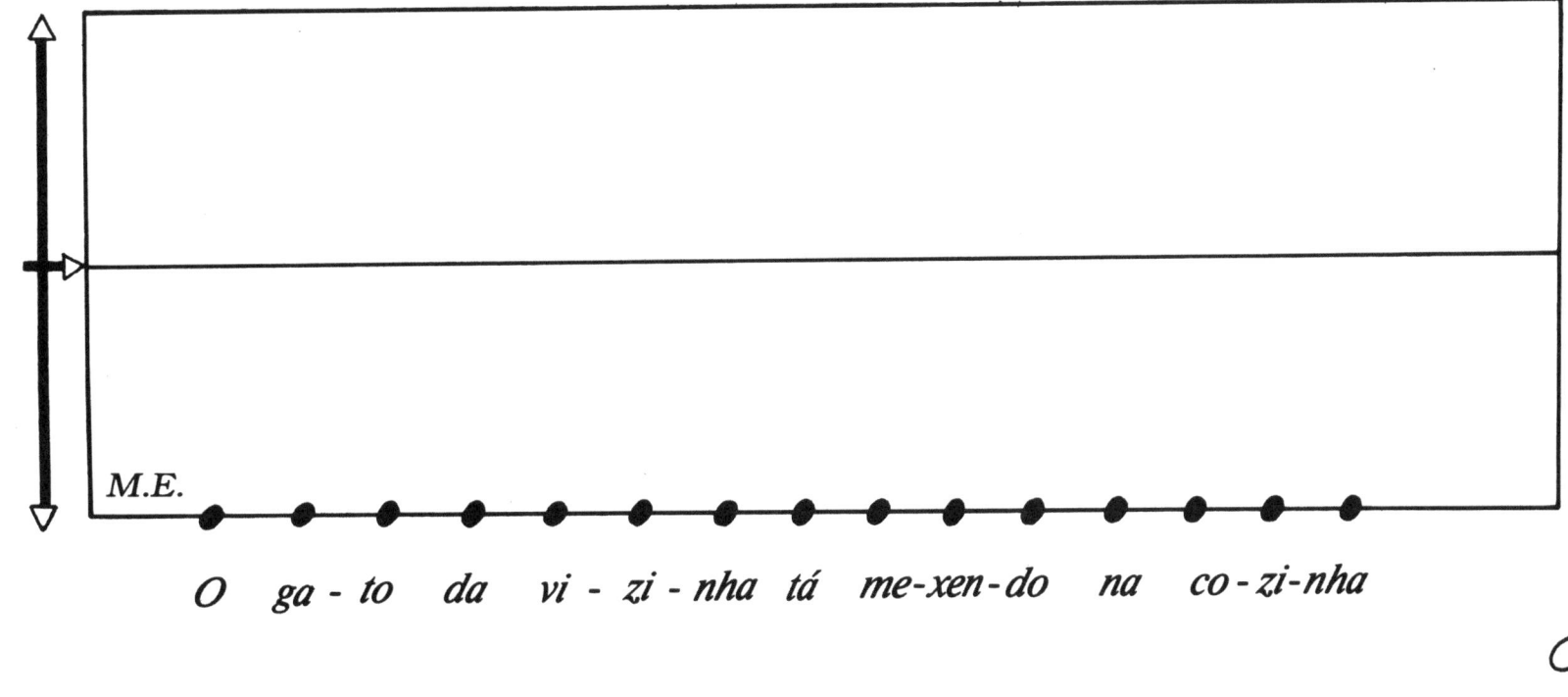

EXPLORANDO REGIÕES ALTERNADAMENTE

Desta vez vamos **alternar** *as regiões. Alternar quer dizer: ora tocar numa região, ora tocar em outra.*

Continue usando clusters

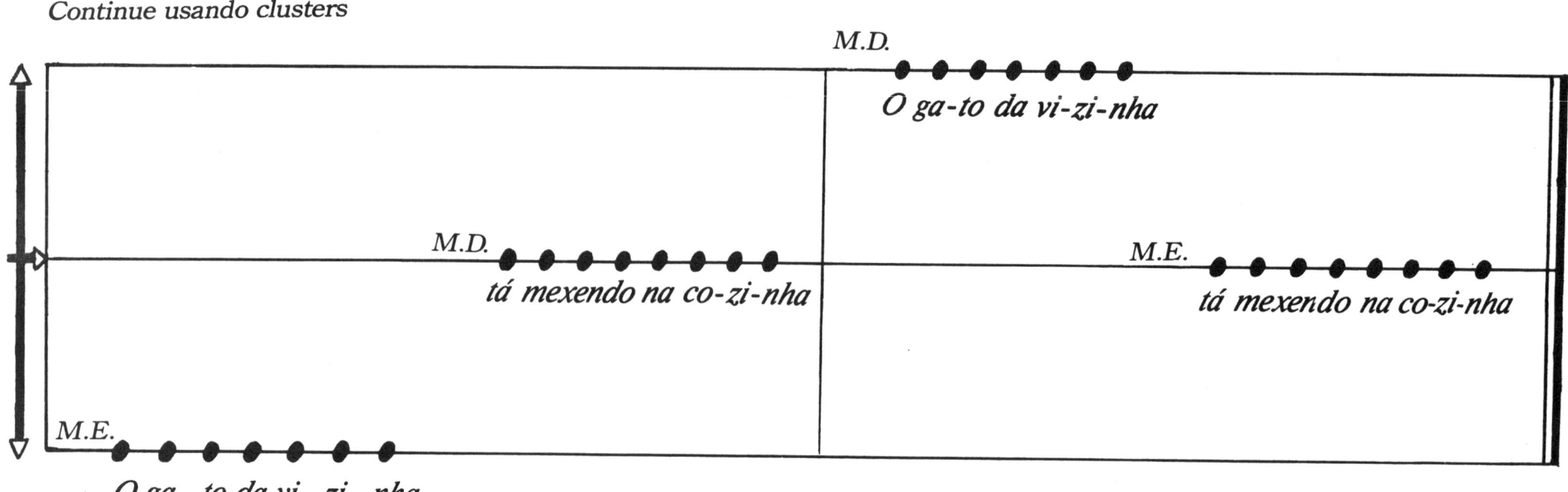

EXPLORANDO REGIÕES SIMULTANEAMENTE

Você é capaz de usar as duas mãos tocando duas regiões ao mesmo tempo? Vamos ver?!
Aposto que vai conseguir!

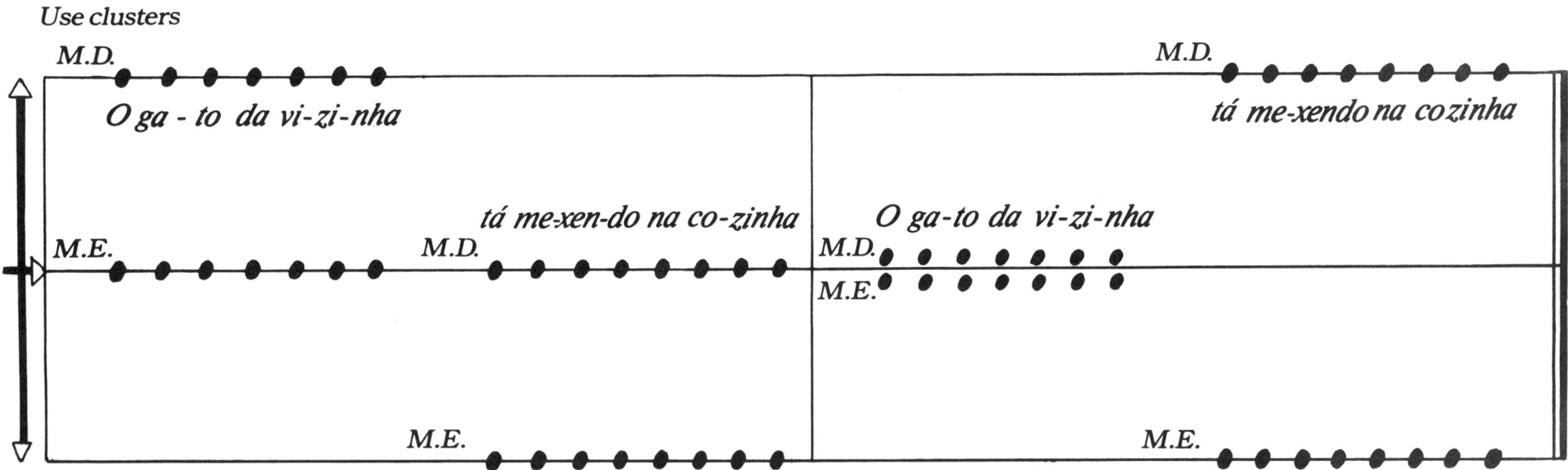

EXPLORANDO REGIÕES COM CONSTANTE ALTERNÂNCIA

Experimente agora alternar as mãozinhas como se elas brincassem de gangorra.

Use clusters

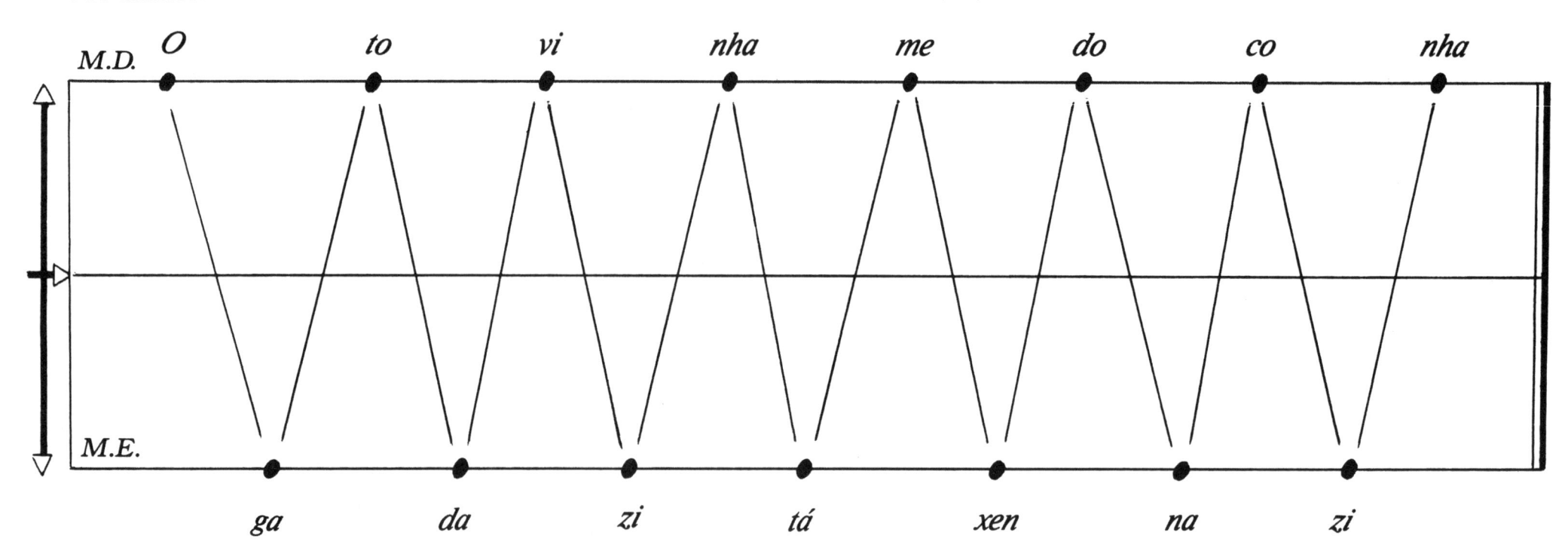

M.D. O to vi nha me do co nha

M.E. ga da zi tá xen na zi

ALTERNÂNCIA E SALTO

Vamos colocar uma novidade na gangorra. Descubra você mesmo o que aconteceu!

Use clusters

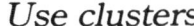

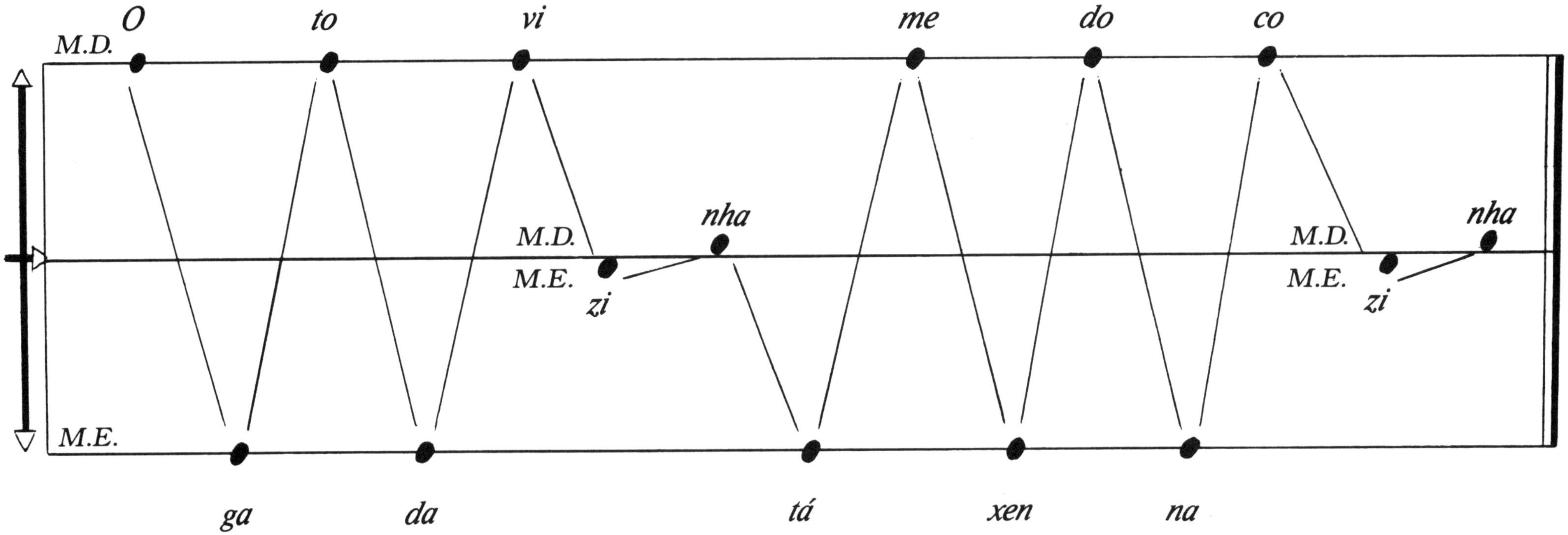

Você notou que as palavras vizinha e cozinha tem sons parecidos? A estas palavras de sons que combinam chamamos de **rima**.

Invente outras rimas para a frase:

VOU LHE CONVIDAR PRA BRINCAR

» » » PRA ....

» » » PRA ....

» » » PRA ....

Escolha uma ou mais região para tocar a sua frase e em seguida escreva no espaço abaixo:

Use clusters

O TRENZINHO

Você sabia que:

O trenzinho sai bem devagar da estação e vai pouco a pouco apressando o passo? Ele também gosta de apitar, assim avisa pra todo mundo que está passando.

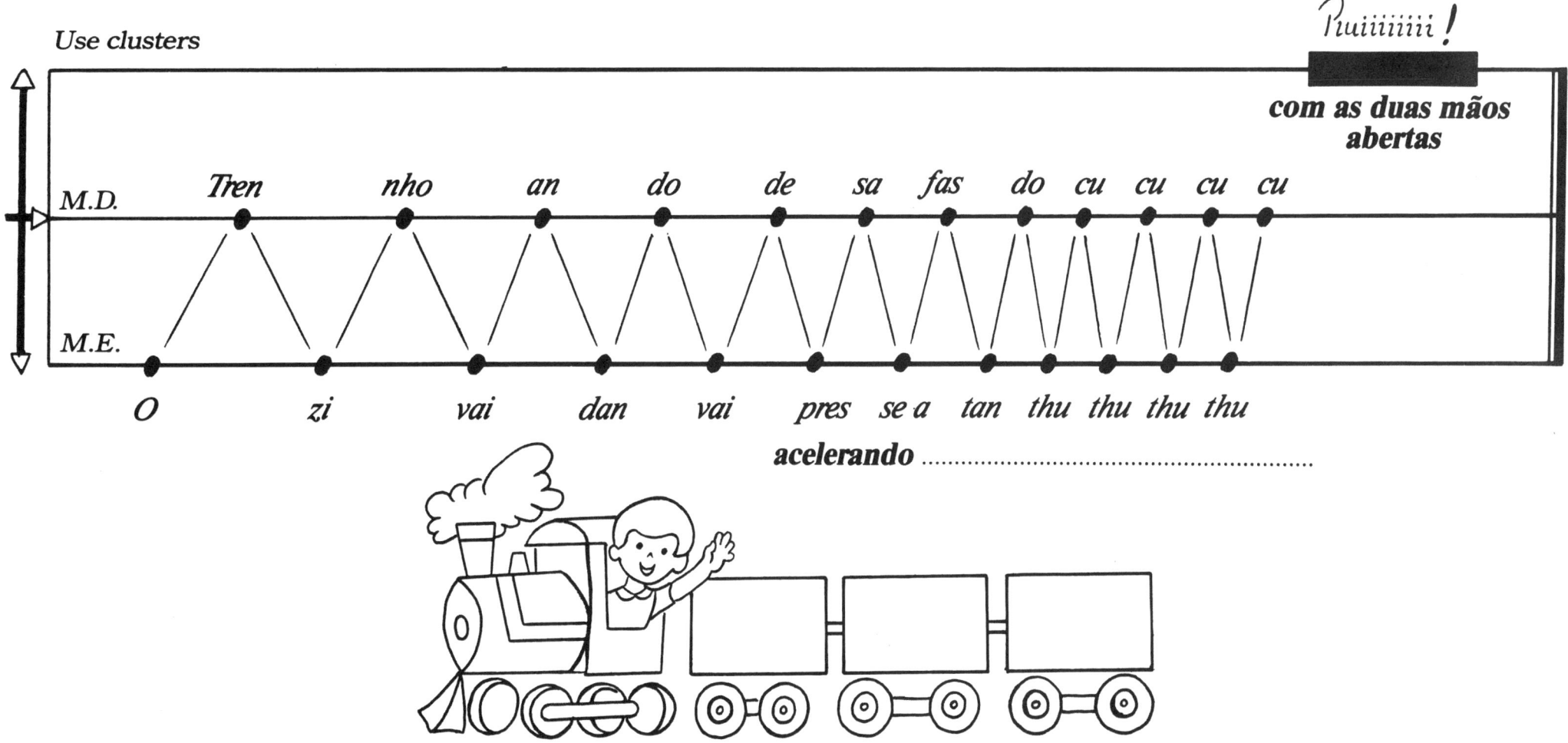

Observe com muita atenção e tente descobrir o que há de novo na "pecinha" abaixo. Você percebeu que temos sons assim ● *, e assim* ●‿● *.*

● → Este som é **curto**. Ele ganha uma **pulsação**.

●‿● → Este som é **longo**. Ele ganha duas **pulsações**.

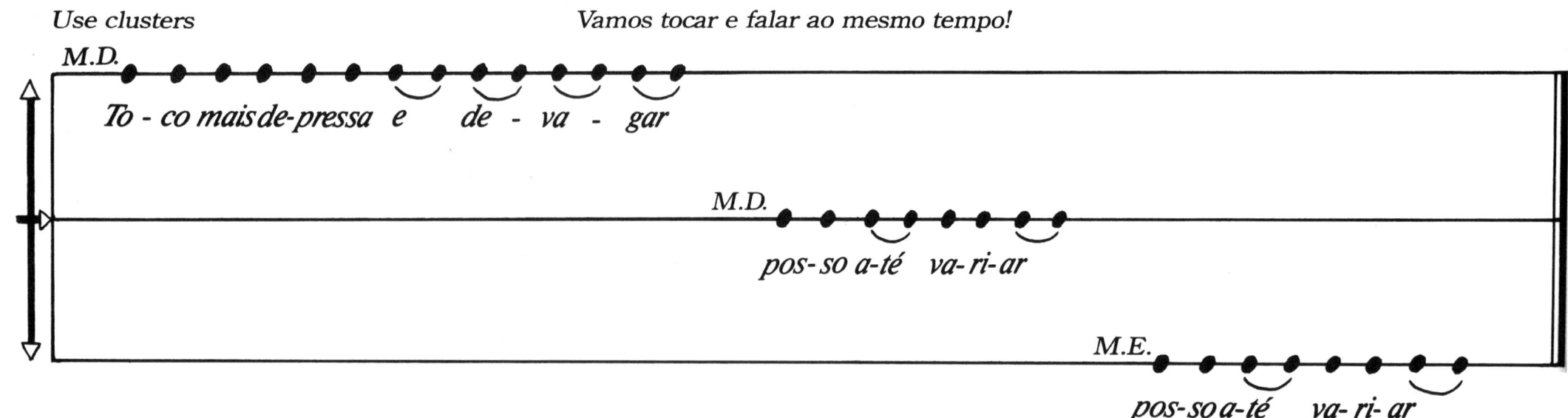

Você já aprendeu que assim ● *a gente* **toca**.

E agora vai saber que assim **✕** *a gente* **bate**.

Este sinal **✕** *pode ser: bater palmas, bater os pés no chão, as mãos sobre as coxas. Nesta* **peça** *o aviso diz que você deve bater palmas.*

TOCANDO

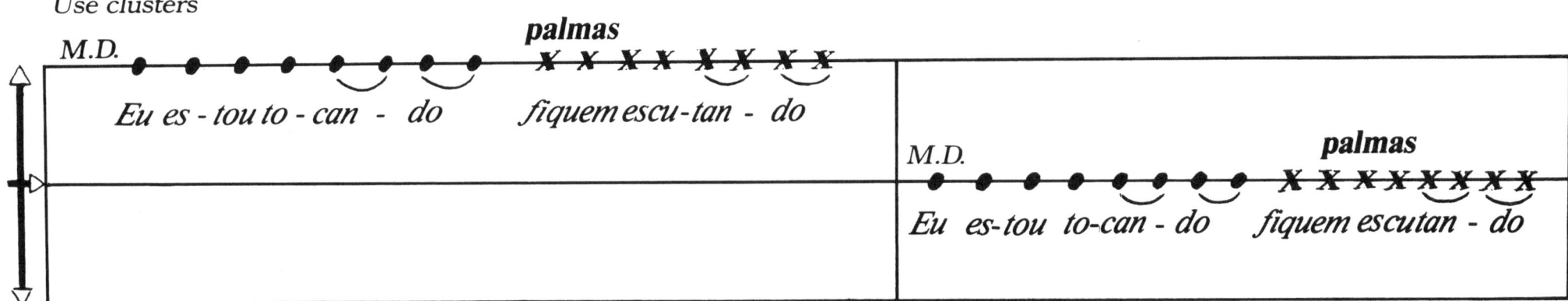

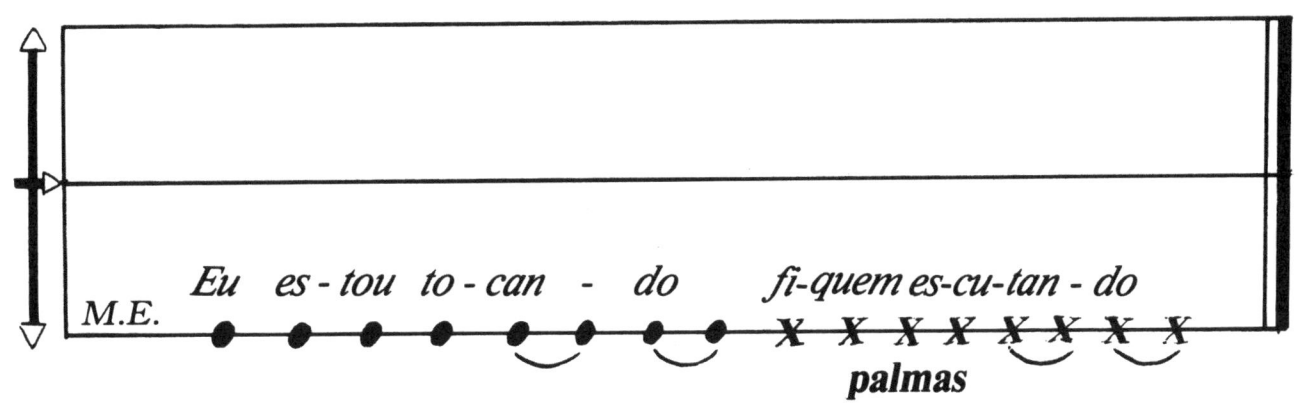

CAFÉ COM PÃO

Só para lembrar: Assim ● devo tocar curto
Assim ● ● devo tocar longo
Assim **x** devo bater curto
Assim **x x** devo bater longo

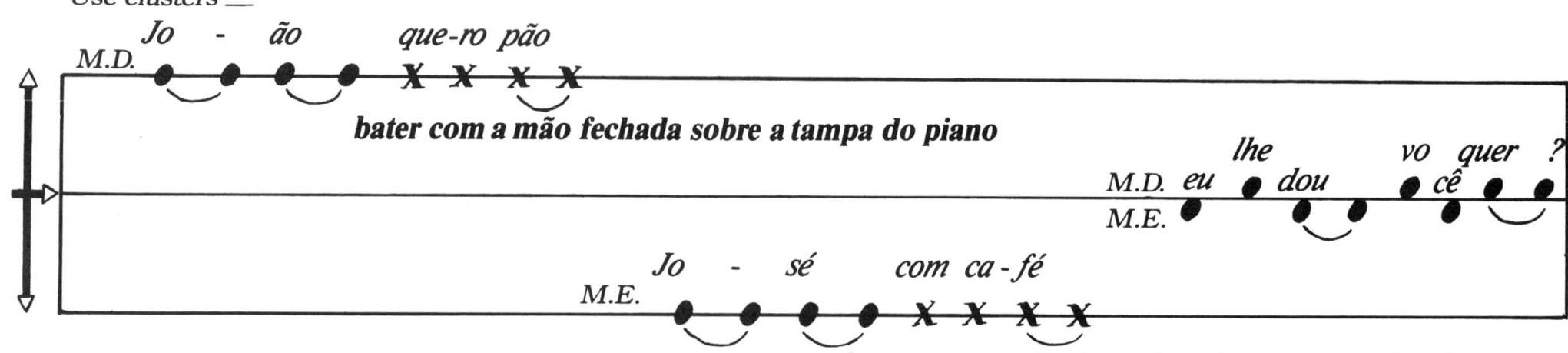

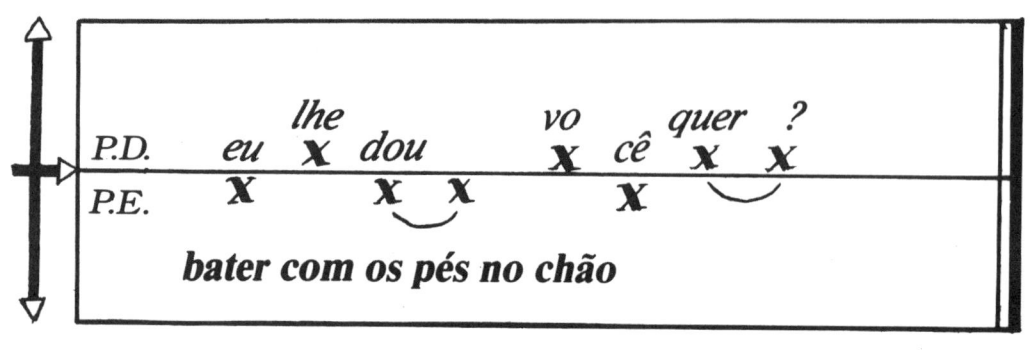

*Nós já sabemos que o som curto (●) ganha uma pulsação, e o som longo (● ●) ganha duas pulsações. Agora vamos conhecer um som **mais longo** (● ● ●) que ganha 3 pulsações.*

Realize o texto tocando em seguida na região média, e depois na grave.

CARNEIRINHO FUJÃO

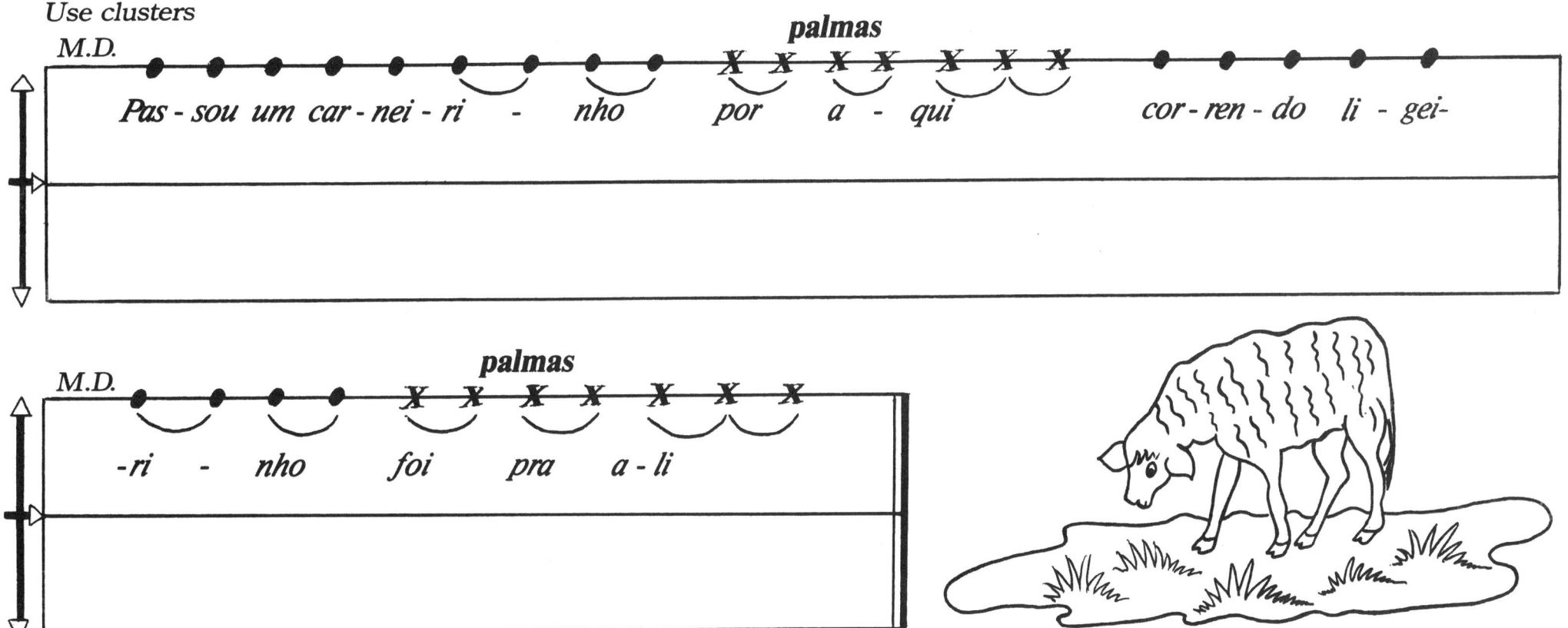

Olhe só para este som ●‿●‿●‿●. Ele é muito longo e ganha 4 pulsações. Vamos experimentar tocar com ele também?!

OS ANIMAIS

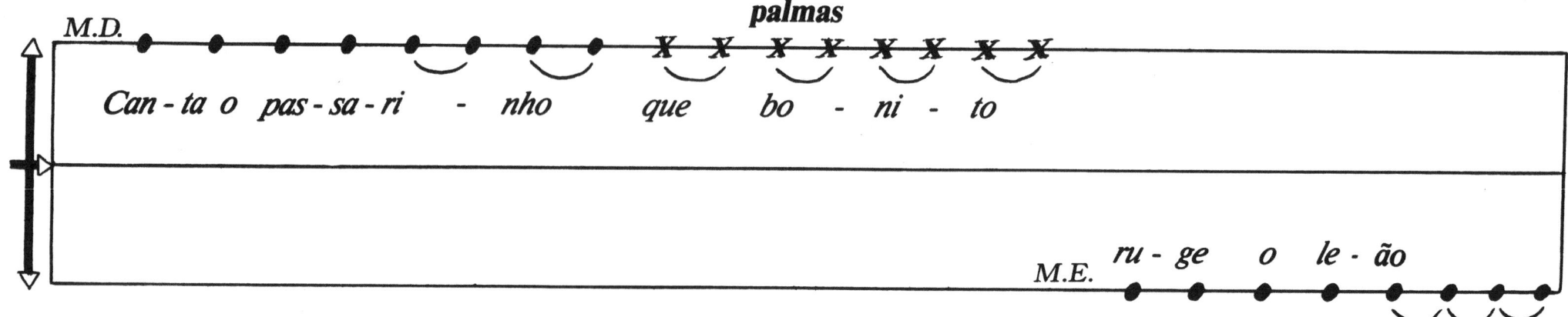

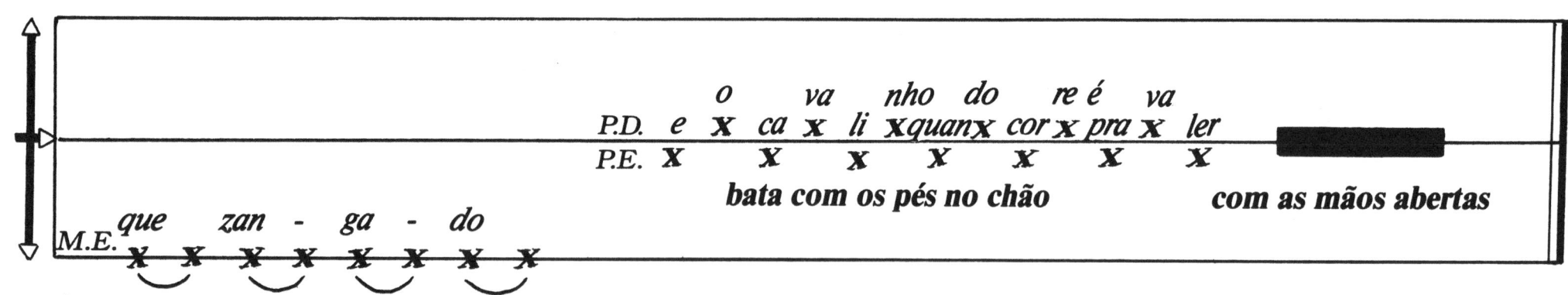

bater com a mão fechada na tampa do piano

RECORDANDO

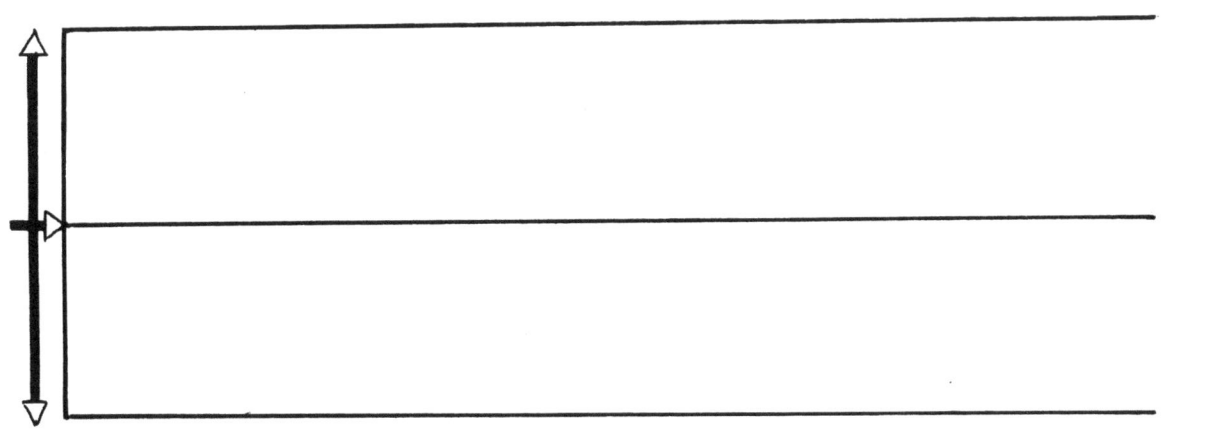

Esta é a linha da região ....

Esta é a linha da região ....

Esta é a linha da região ....

Complete:

Quando desejo bater, uso este .... sinal.

Quando desejo tocar, uso este .... sinal.

Assim .... é o som curto (de 1 pulsação)

Assim .... é o som longo (de 2 pulsações)

Assim .... é o som mais longo (de 3 pulsações)

Assim .... é o som muito longo (de 4 pulsaçõs)

VAMOS BRINCAR DE BARALHO!

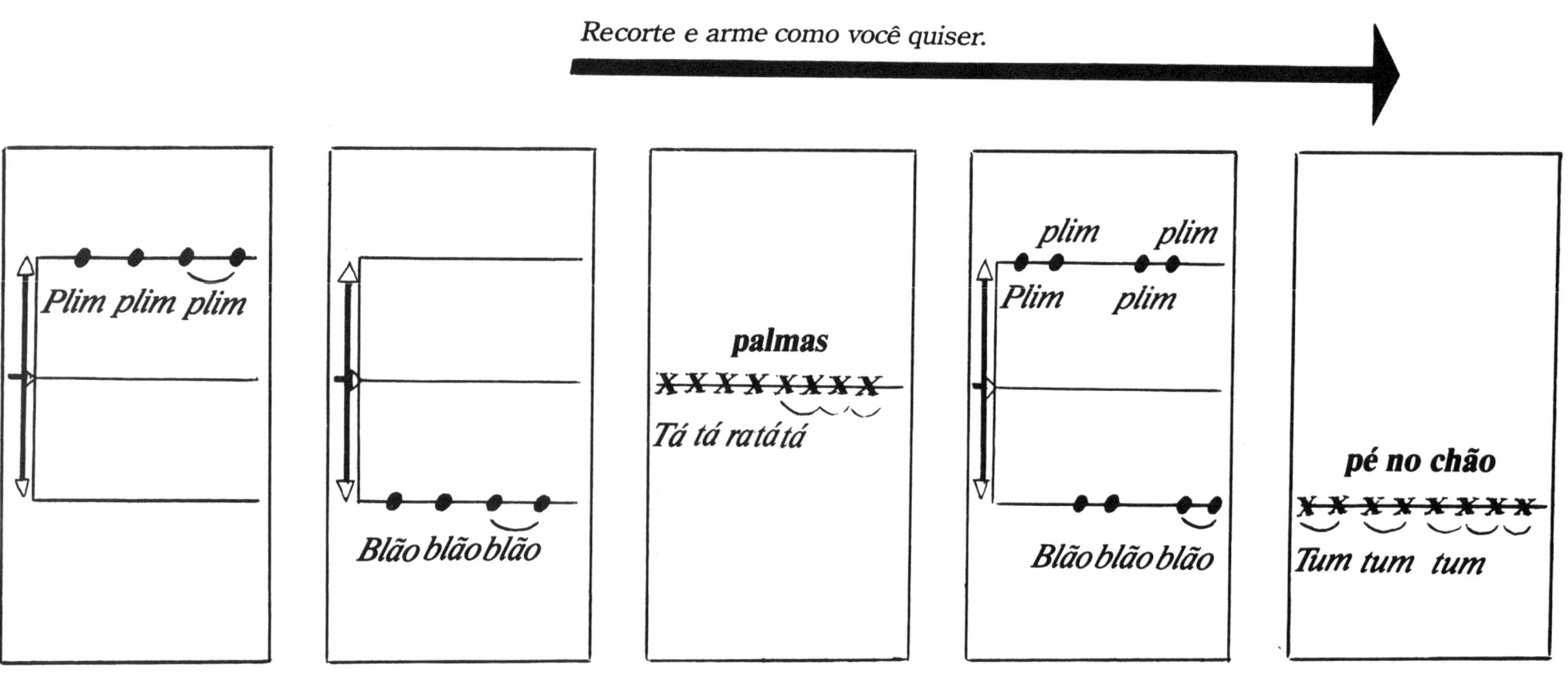

— Experimente tocar cada carta do baralho.

— Misture as cartas e organize na seqüência que você quiser.

— Crie várias seqüências e depois escolha a que mais lhe agradar para colar numa cartolina.

— Invente um título para a peça.

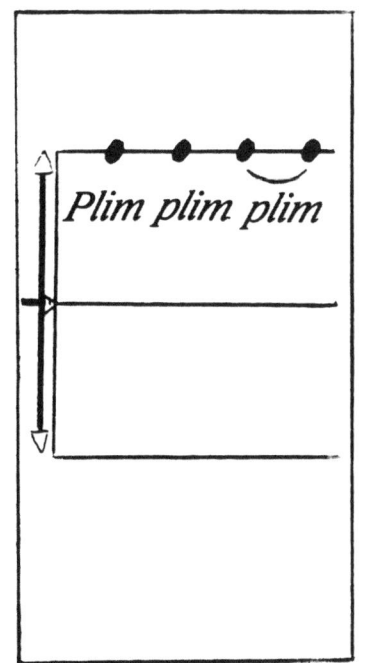
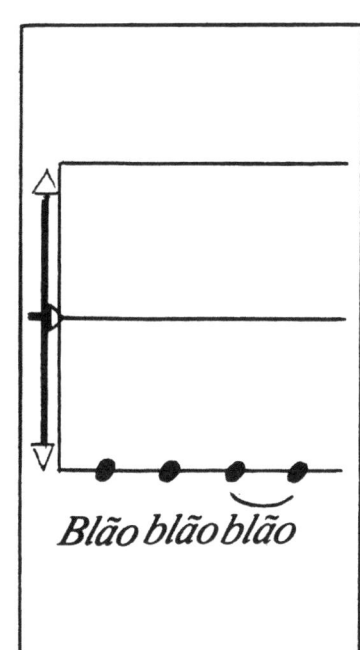
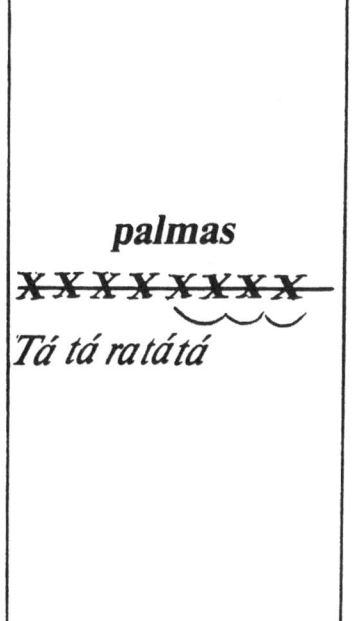
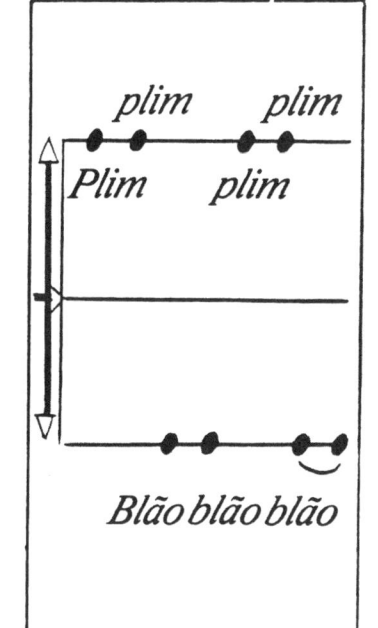

Você notou que o teclado tem grupos de **2 notas pretas** e grupos de **3 notas pretas**.

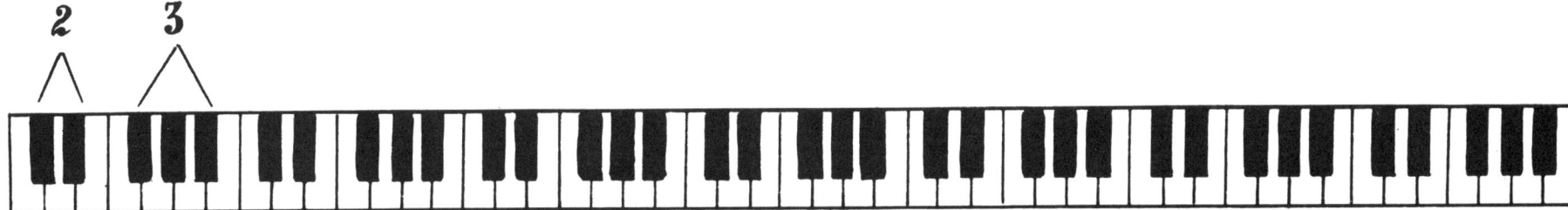

Faça um círculo vermelho nos grupos de 2 notas pretas e um círculo azul no grupo de 3 notas pretas.

Marque com um **x**:

— *A tecla que mora à esquerda do grupo de 2 notas pretas:*

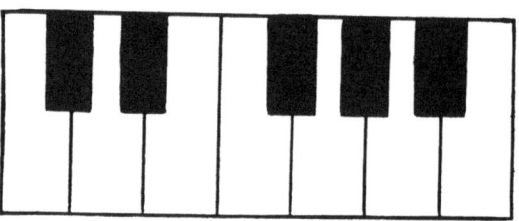

— *A tecla que mora à direita do grupo de 2 notas pretas:*

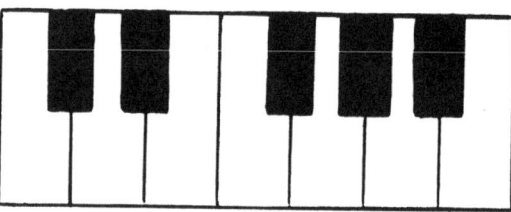

— *A tecla que mora entre o grupo de 2 notas pretas:*

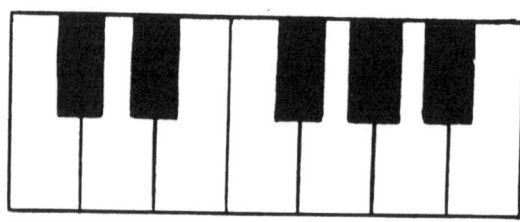

Conte quantos grupos de 2 notas pretas tem o piano. Escreva aqui a resposta:

……. grupos.

Faça aqui o desenho de suas mãos, e vamos numerar cada dedo começando do polegar.

MINHA MÃO ESQUERDA   *MINHA MÃO DIREITA*

Para tocar a gangorra, localize o 4º e 5º grupos de 2 notas pretas da esquerda para a direita. Toque as teclas que ficam no meio (entre as pretas). Use o 3º dedo de ambas as mãos.

A GANGORRA

Experimente fazer a gangorra começando de outro lugar. Não esqueça que a notinha que você escolher deve ser a mesma para a M.E. e a M.D., variando apenas a altura.

NO MESMO LUGAR

Cante e toque repetindo a tecla marcada:

Comece aqui

(Use o 3º dedo)

M.D. Po - de a-té   me cha-mar

M.E. eu não sai - o do lu - gar

(Parte do Professor)

LÉ COM LÉ

Faça a mesma coisa com:

(Use o 3º dedo)

M.D. Lé com lé cré com cré

M.E. um sa - pa - to em ca-da pé

Se você retirar as palavras de "No Mesmo Lugar" e "Lé Com Lé", as peças ficam iguais!
Experimente tocá-las novamente sem dizer as palavras e faça você a comparação.

Agora invente você mesmo palavras para substituir: "No Mesmo Lugar" e "Lé Com Lé", não esqueça de criar também um título, de acordo com as palavras que você inventou!

....
(Escreva aqui o seu título)

(Use o 3º dedo)

M.D.

M.E.

Toque em qualquer lugar, mas sempre repetindo a mesma nota.

Vamos tocar todos os grupos de 3 notas pretas?! Use os 3 dedinhos maiores.
Os seus dedos maiores são o 4º., ..., ...

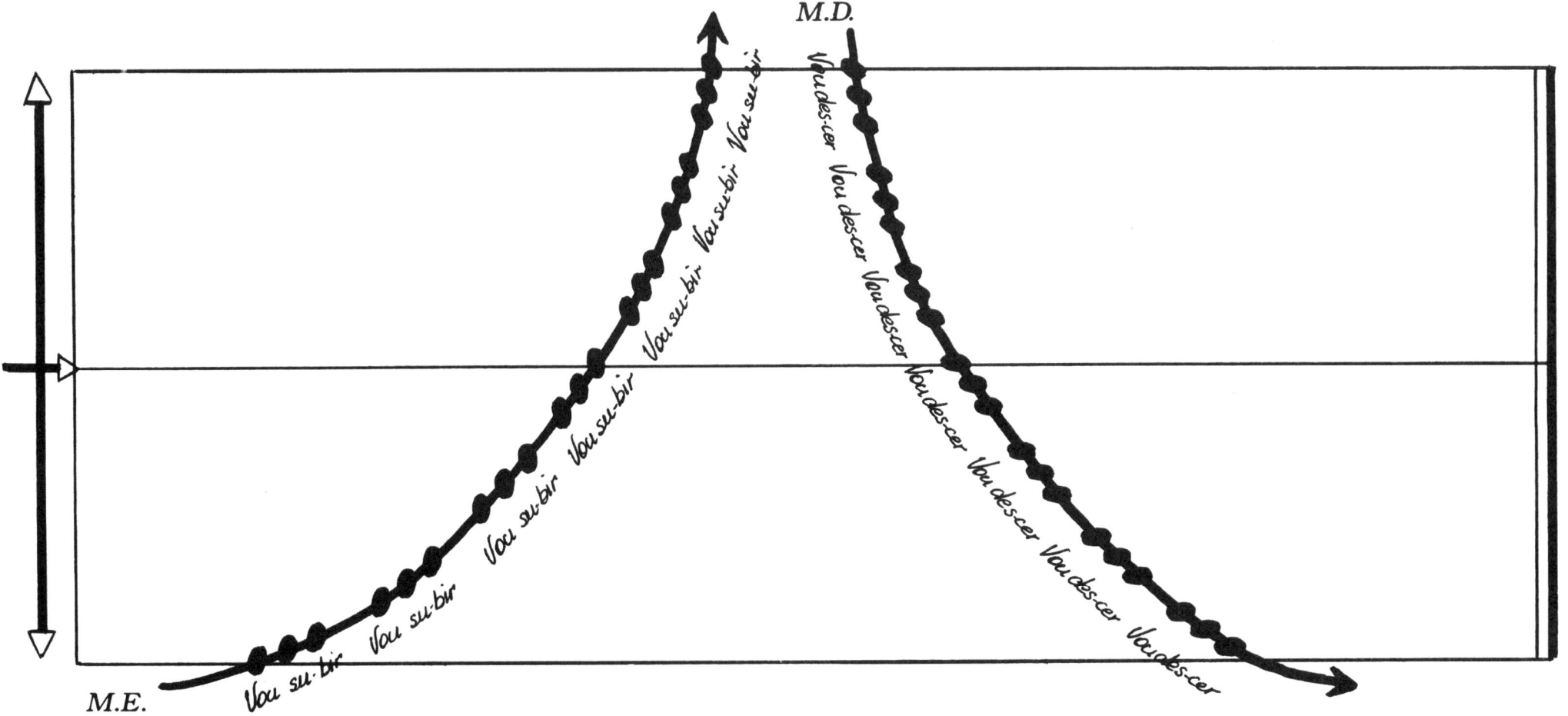

Quantos grupos de 3 notas pretas tem o piano? Conte e escreva aqui: .... grupos.

Localize o 4º grupo de 3 notas pretas (da esquerda para a direita). Ele fica bem no centro do piano, na região .... Para tocar esse grupo, vamos desenhar as três notinhas assim:

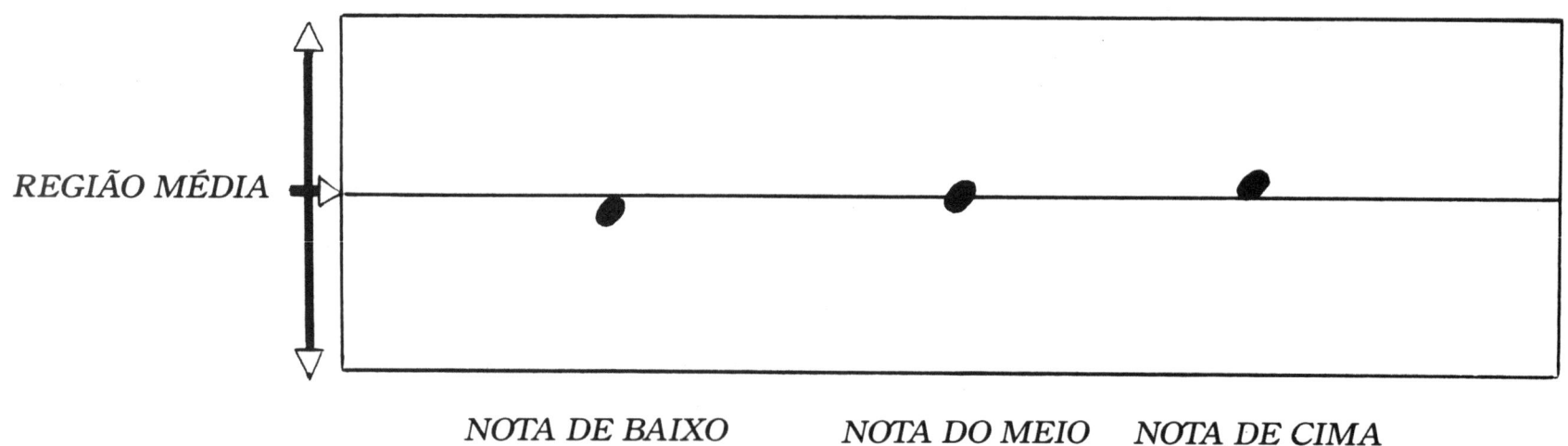

Toque e cante!

Use o 4º, 3º e 2º dedo de ambas as mãos

Observe a próxima canção! Você notou que ela está dividida em várias seções, como se fossem casinhas?! (_____+_____+_____+_____) A estas casinhas damos o nome de **compasso**. Logo no começo tem um aviso: - 4 - , dizendo quantas pulsações teremos para cada compasso.

EU SEI!...

Tocar nas 3 notinhas pretas

Sei su - bir   sei des - cer   vou mos - trar pa - ra vo - cê

Parte do Professor

Olhe bem para o finzinho da canção! Você percebeu que tem **2 pontinhos** no final?! Isso significa que vamos tocar tudo 2 vezes, isto é, **repetir a canção.**

Parte do Professor

O SORVETE

Tocar nas 3 notinhas pretas.

Um sor - ve - te   vou to - mar   que - ro de ma - ra - cu - já

MEU PAPAGAIO

Use as três notas pretas

M.D.

O meu pa-pa-gai - o   fa-la fa-la fa - la

M.E.

ve - nha cá   o' meu bem   ve - nha cá   o' meu bem

Parte do Professor

Experimente tocar "Meu Papagaio" usando as teclas brancas.

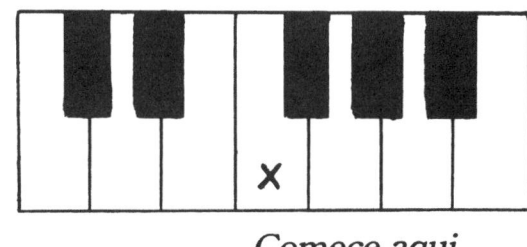

Comece aqui

A CAMPAINHA

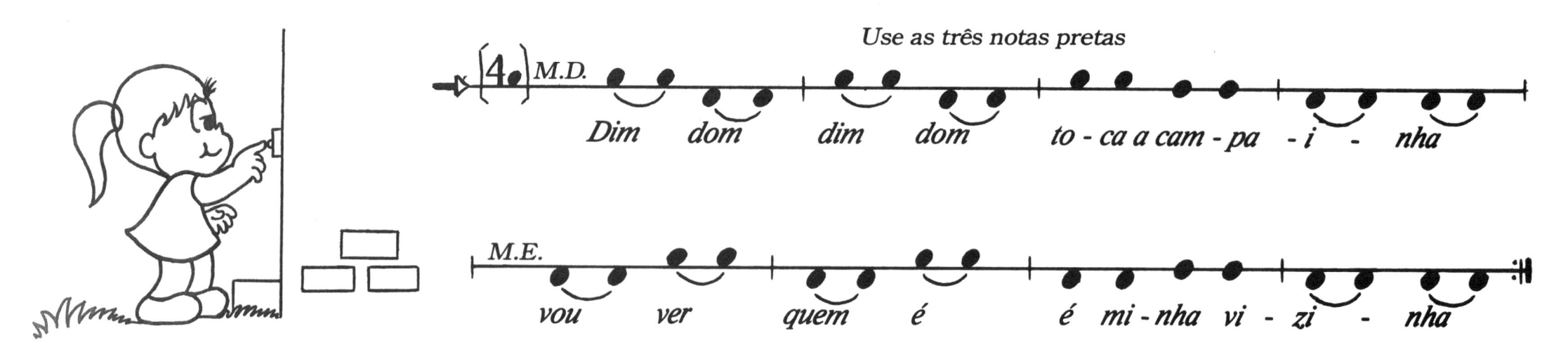

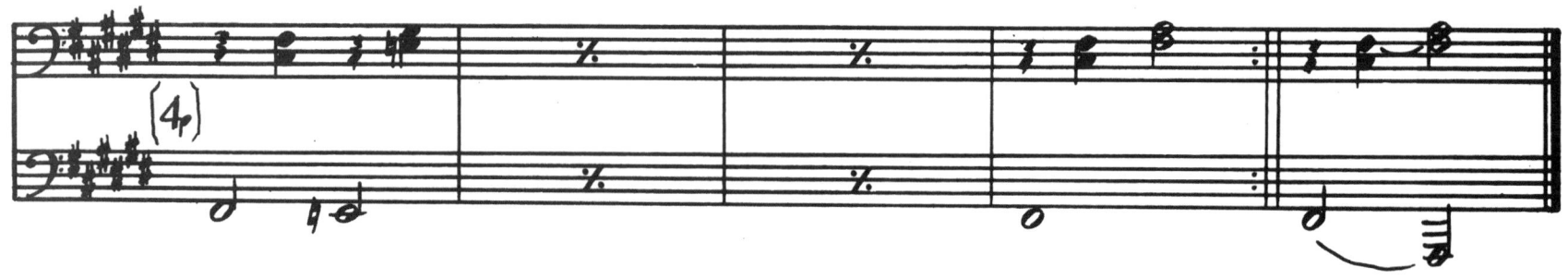

Use as três notas pretas

Dim dom dim dom to - ca a cam - pa - i - nha

vou ver quem é é mi - nha vi - zi - nha

Parte do Professor

Que tal tocar "A Campainha" começando em outro lugar?

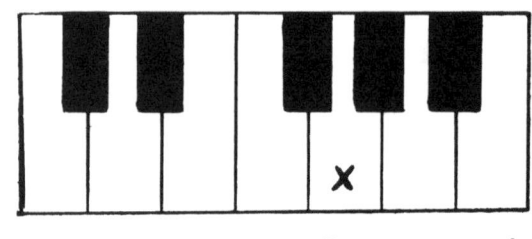

Comece aqui

PASSEANDO COM VOCÊ

Use as três notas pretas

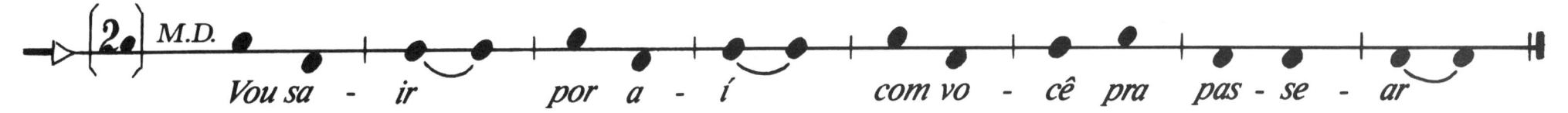

Vou sa - ir por a - í com vo - cê pra pas - se - ar

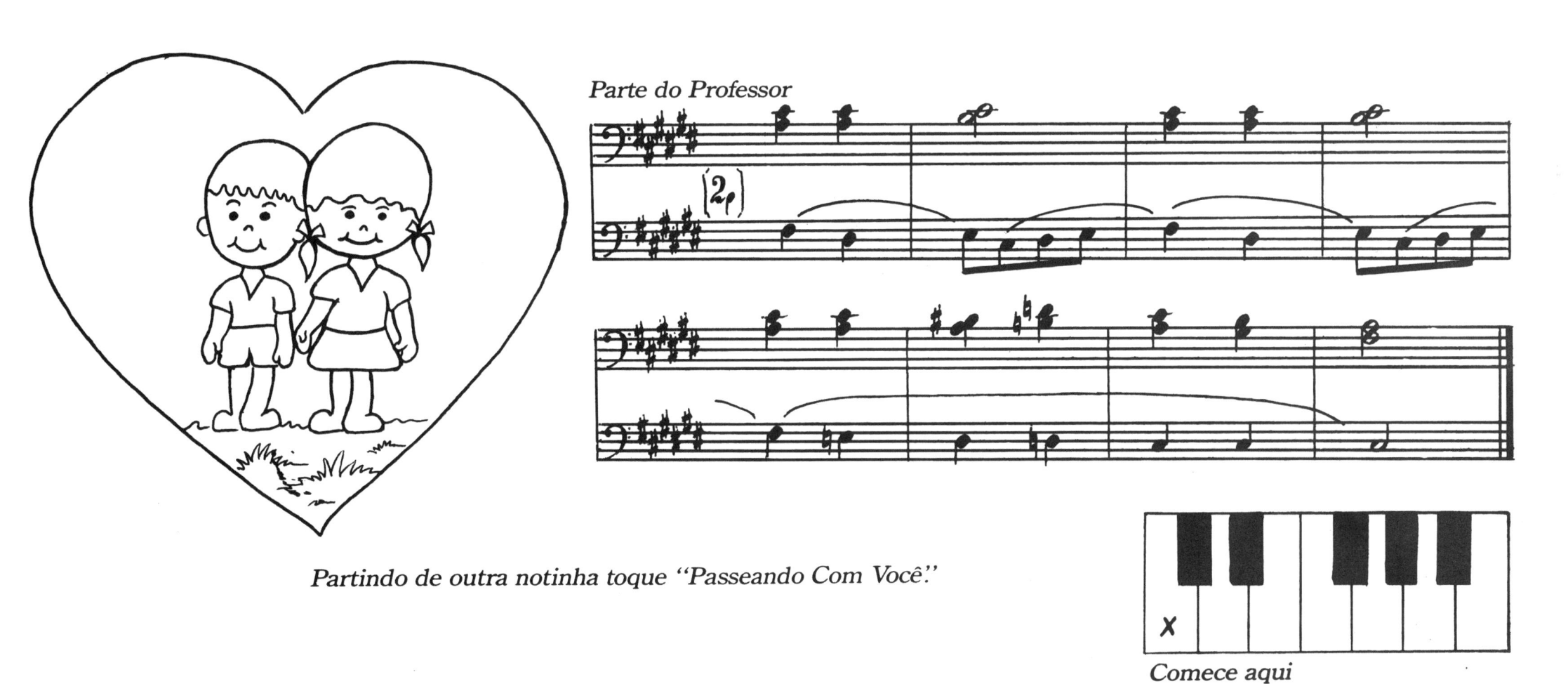

Parte do Professor

Partindo de outra notinha toque "Passeando Com Você."

Comece aqui

NO CARROSSEL

Use as três notas pretas

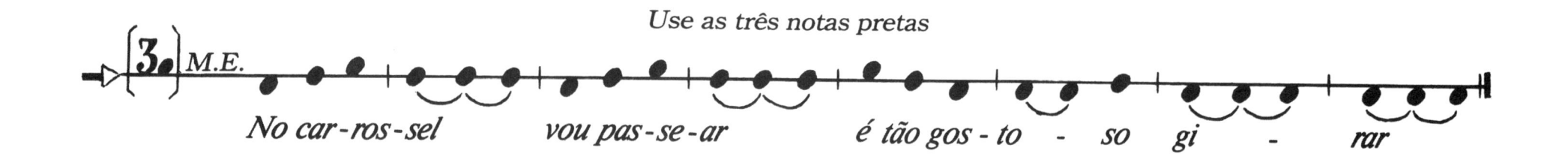

M.E.

No car-ros-sel vou pas-se-ar é tão gos-to - so gi - rar

Parte do Professor

Vamos tocar novamente "No Carrosel" em vários lugares:

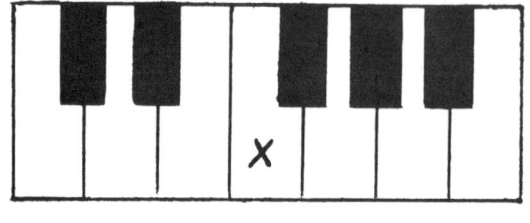

Comece aqui 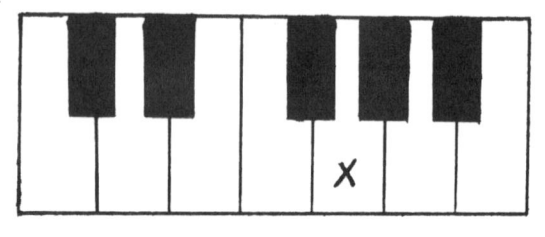 Comece aqui 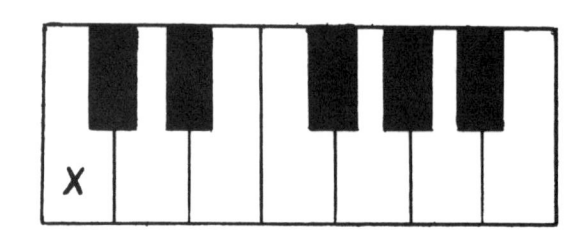 Comece aqui

Usando as três notinhas pretas, crie uma canção para esta frase:

Mi - nha bo - ne - qui - nha   é tão bo - ni - ti - nha

Escreva aqui a sua canção:

Você pode tocar sua canção:

Começando aqui 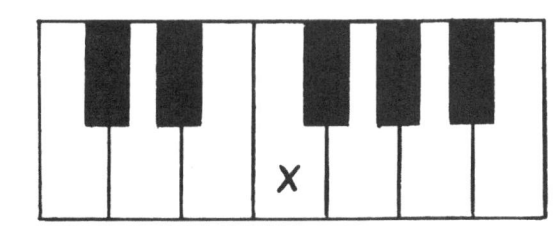   Começando aqui 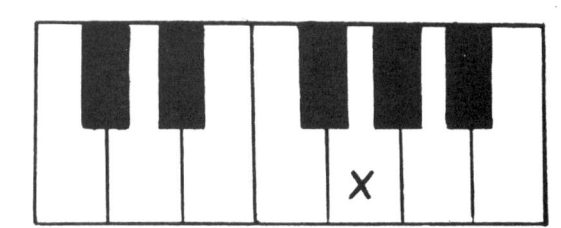   Começando aqui

Agora invente palavras para esta canção:

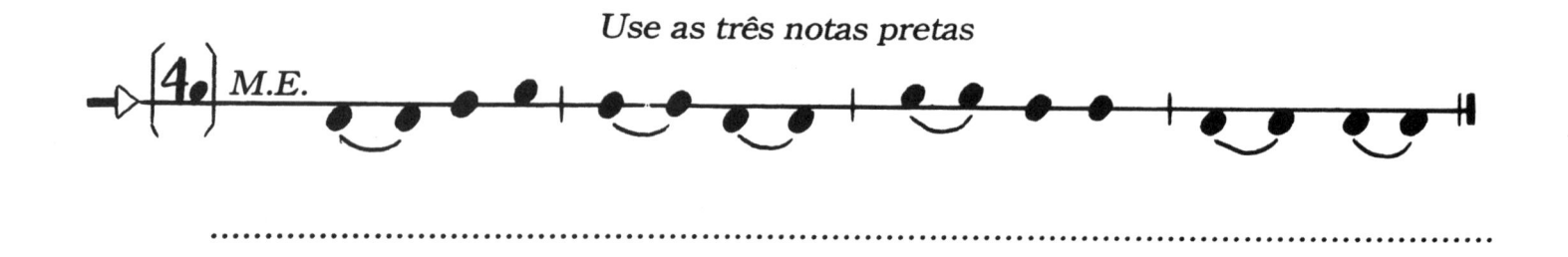

Use as três notas pretas

....

Ajude a resolver o problema!

Para tocar grupos de três notinhas, usamos:

NOTA NO ESPAÇO   NOTA NA LINHA   NOTA NO ESPAÇO

Para "escrever música" precisamos de **linhas** e **espaços**. As linhas funcionam como degraus. Assim fica fácil saber se tocamos uma subida ⸺, ou uma descida ⸺.

Você tocou várias canções com 3 sons, usando para isso os 3 dedinhos maiores. Gostaria agora de tocar canções com 5 sons, usando todos os dedinhos? Como será, que faremos para escrever 5 sons subindo ou descendo?

Assim ⸺, é a subida de 3 sons. Assim ⸺, é a descida de 3 sons.

Você arriscaria um palpite para escrever a subida de 5 sons? E a descida de 5 sons?

Se temos mais sons, precisamos de mais degraus.

Colocando mais uma linha, cabe direitinho os 5 sons, veja:

Esta é uma subida: *Esta é uma descida:*

(Leia falando: espaço, linha, espaço, linha, espaço)

Complete as notinhas que faltam:

Na subida: *Na descida:*

Desenhe:

Somente as notas da linha: *Somente as notas do espaço:*

Faça uma subida: *Faça uma descida:*

Toque uma subida com a M.E.

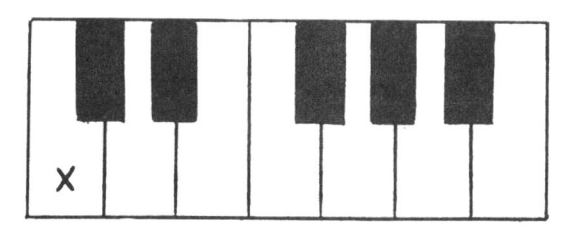

Comece aqui com o 5º dedo

Toque uma descida com a M.E.

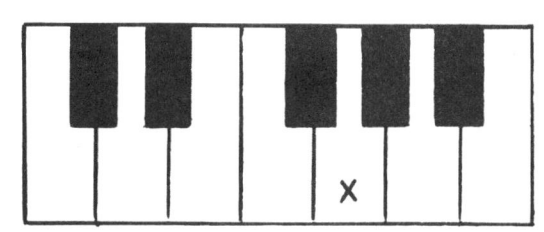

Comece aqui com o 1º dedo

Toque uma subida com a M.D.

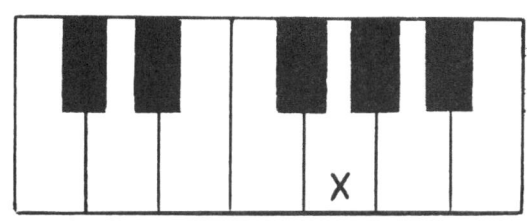

Comece aqui com o 1º dedo

Toque uma descida com a M.D.

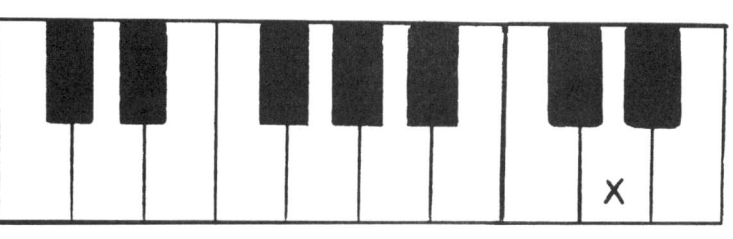

Comece aqui com o 5º dedo

Para localizar a nota inicial de "A Montanha", conte 4 grupos de 2 notas pretas (indo da esquerda para a direita) e comece da tecla assinalada abaixo:

A MONTANHA

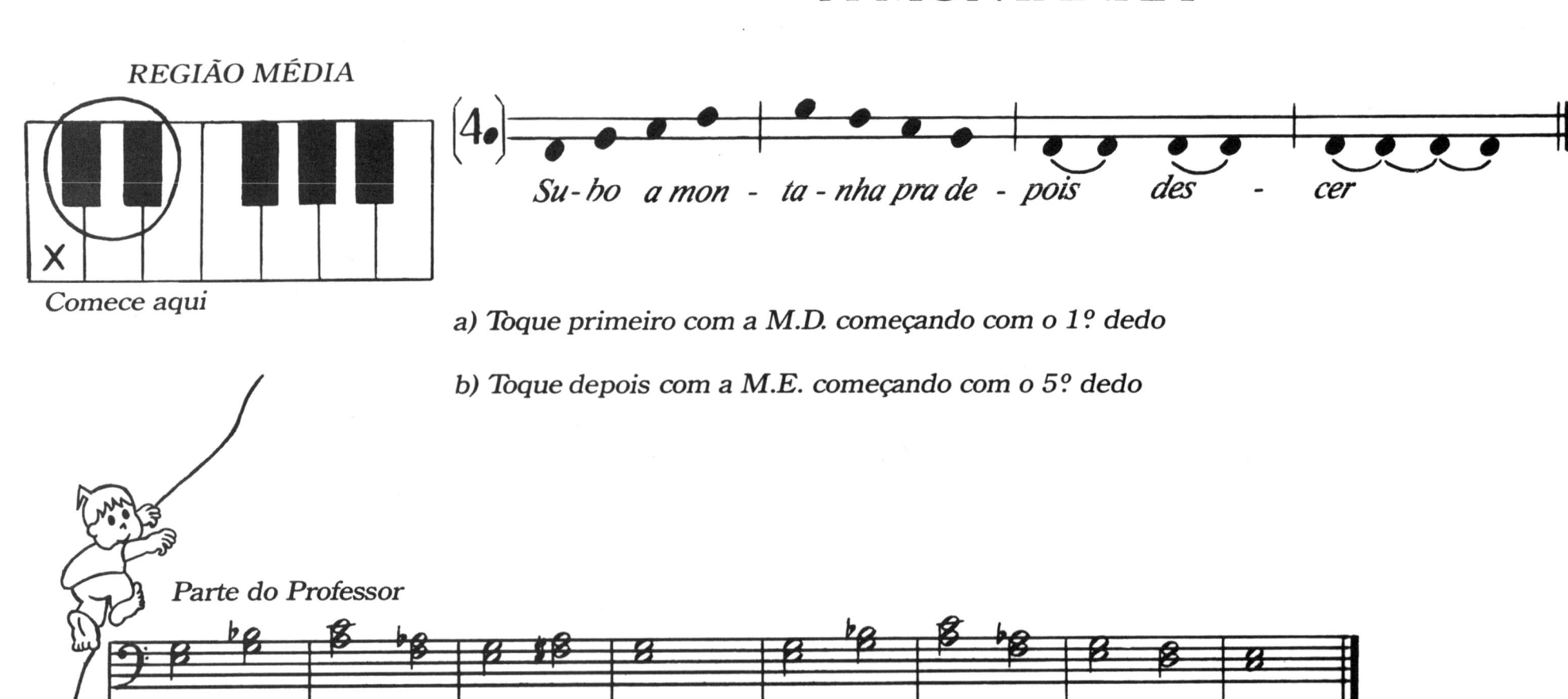

REGIÃO MÉDIA

Comece aqui

Su-bo a mon - ta - nha pra de - pois des - cer

a) Toque primeiro com a M.D. começando com o 1º dedo

b) Toque depois com a M.E. começando com o 5º dedo

Parte do Professor

SUBINDO E DESCENDO

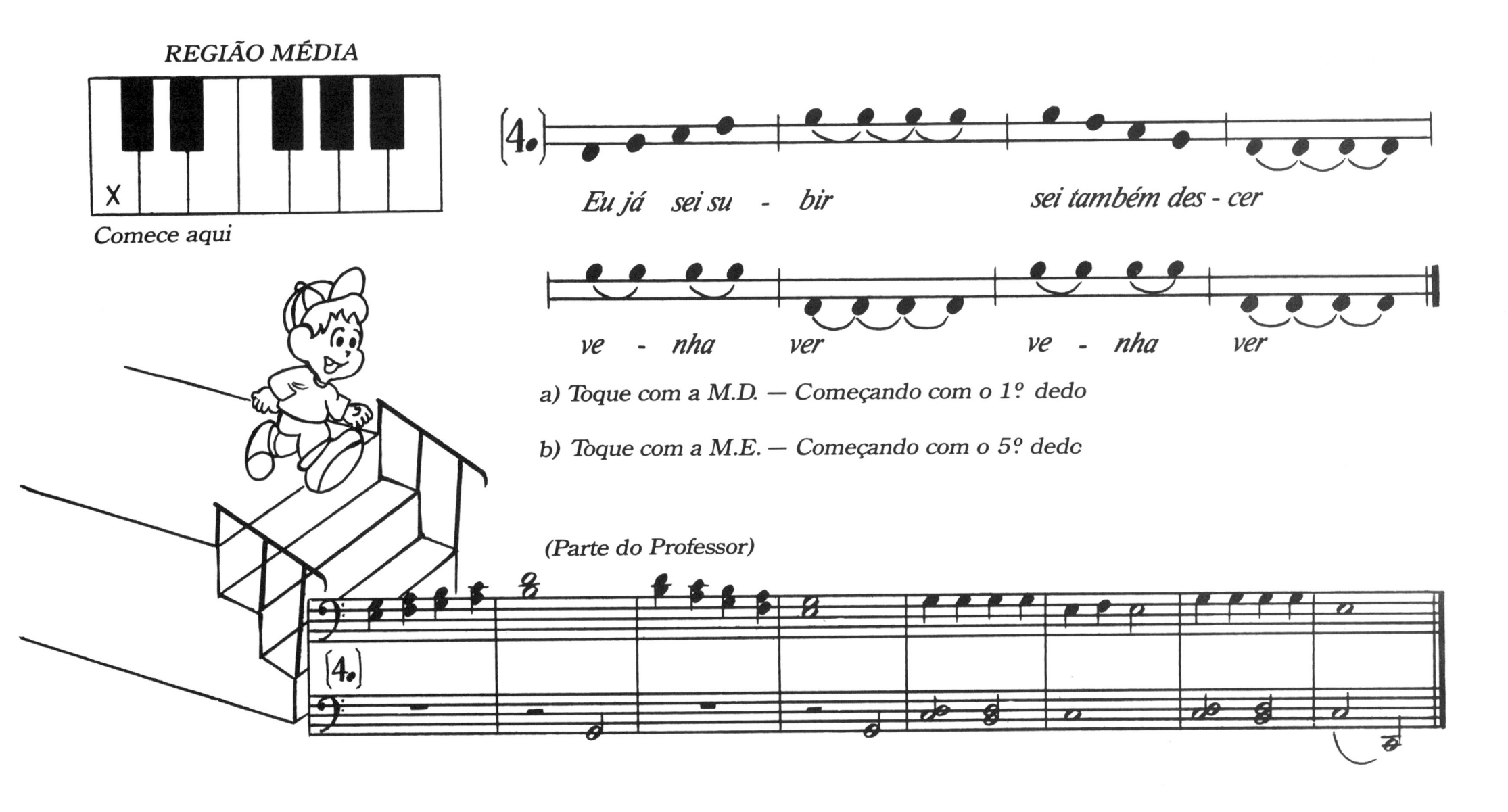

REGIÃO MÉDIA

Comece aqui

Eu já sei su - bir   sei também des - cer
ve - nha ver   ve - nha ver

a) Toque com a M.D. — Começando com o 1º dedo

b) Toque com a M.E. — Começando com o 5º dedo

(Parte do Professor)

MEU AQUÁRIO

REGIÃO MÉDIA

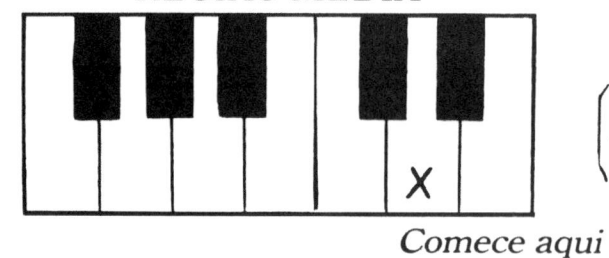

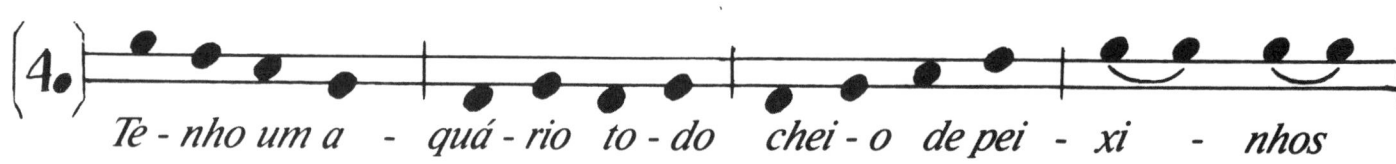

Comece aqui

Te - nho um a - quá - rio to - do chei - o de pei - xi - nhos

tem de vá - rias co - res a - té mes - mo ver - me - lhi - nho

a) *Toque com a M.D. — Comece com o 5º dedo*

b) *Toque com a M.E. — Comece com o 1º dedo*

Parte do Professor

A NATUREZA

REGIÃO MÉDIA

Comece aqui

Com a na - tu - re - za sou fe - liz

co-mo é bo - ni - to o meu pa - ís

a) Toque com a M.D. — Comece com o 5º dedo

b) Toque com a M.E. — Comece com o 1º dedo

Parte do Professor

Podemos tocar a mesma música em vários lugares.
Experimente começar:

REGIÃO MÉDIA

Primeiro aqui

O MOSQUITO

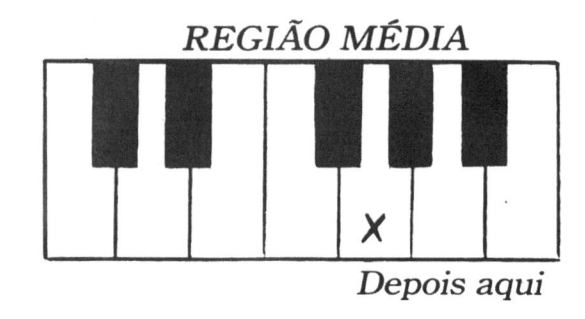

Zum zum zum Zum zum zum que mos-qui-to cha - to

Zum zum zum Zum zum zum sai ou eu te ba - to

REGIÃO MÉDIA

Depois aqui

a) *Toque com a M.D.— Comece com o 1º dedo*

b) *Toque com a M.E.— Comece com o 5º dedo*

Parte do Professor

O CAÇADOR

REGIÃO MÉDIA

Comece aqui

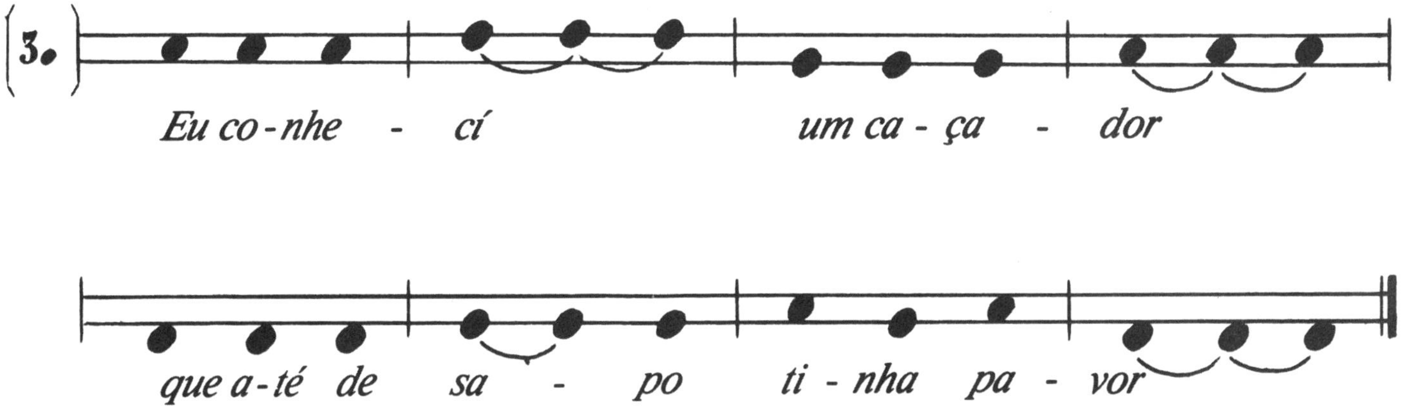

Eu co - nhe - cí   um ca - ça - dor

REGIÃO MÉDIA

que a - té de sa - po ti - nha pa - vor

Comece aqui

a) Toque com a M.D. — Comece com o 3º dedo

b) Toque com a M.E. — Comece com o 3º dedo

Parte do Professor

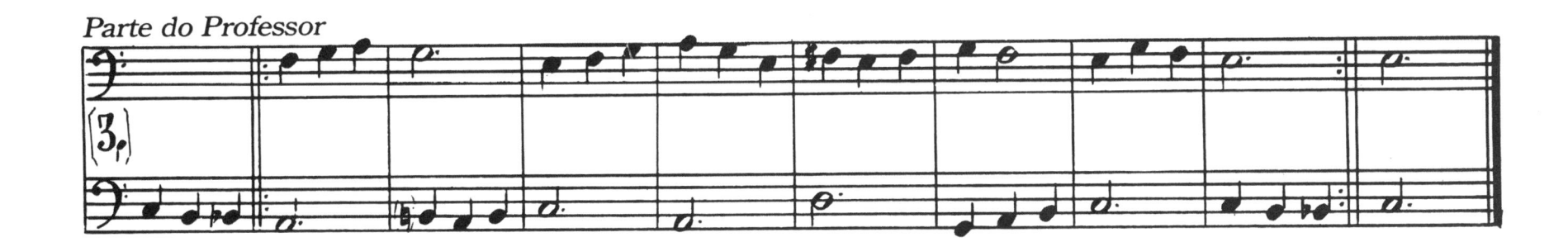

Se você quiser tocar uma subida ou descida com mais de 5 sons, basta acrescentar outras linhas.

Experimente tocar esta subida usando as duas mãos:

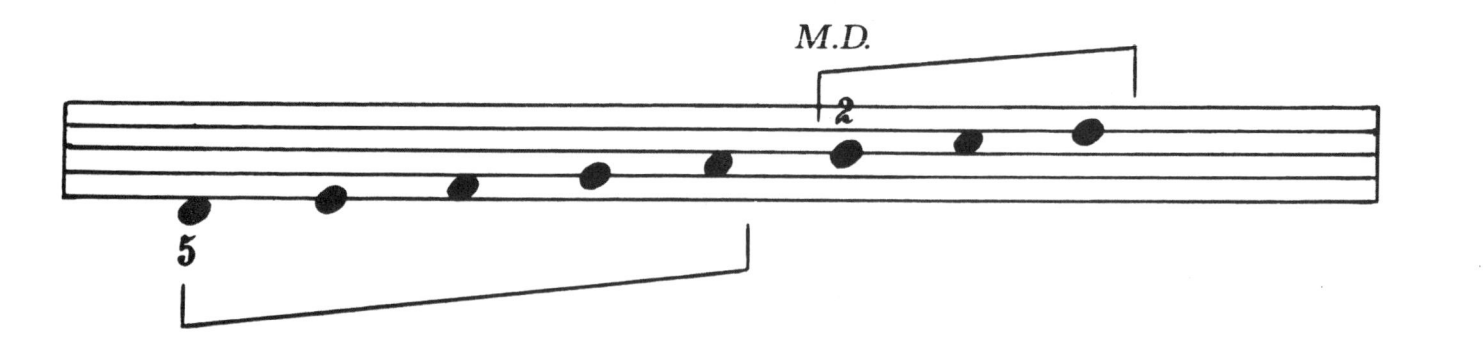

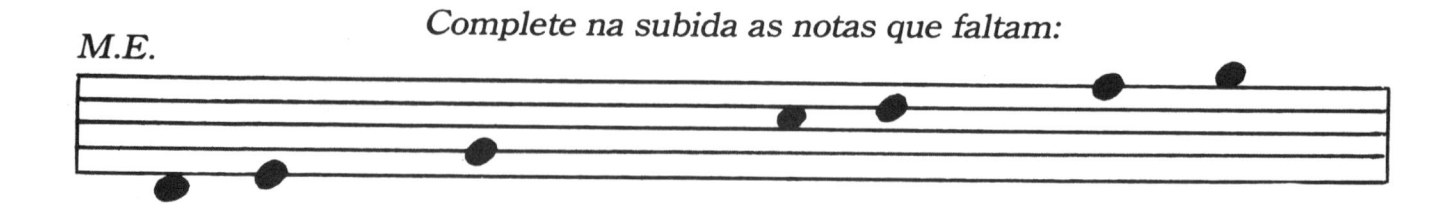

Complete na subida as notas que faltam:

*Faça um **círculo** nas notas que moram na linha:*

*Marque com um **x** as notas que moram no espaço:*

***Desenhe** as notas que moram na linha:*

***Desenhe** as notas que moram no espaço:*

Faça uma subida utilizando apenas notas na linha:

Faça uma descida utilizando apenas notas no espaço:

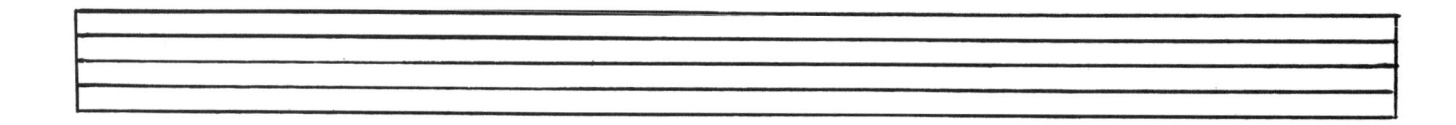

Você notou que quando escrevemos apenas notas na linha ou apenas notas no espaço, pulamos uma notinha?

Verifique:

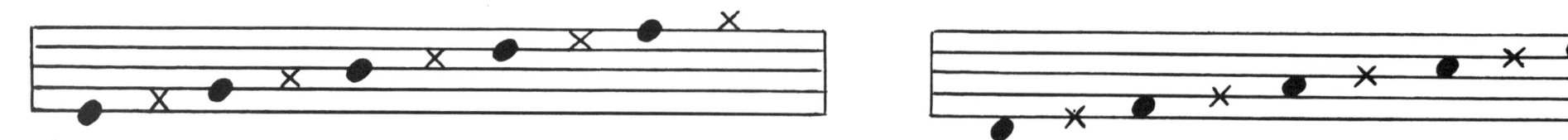

*Os lugares de "**x**", são notinhas que pulamos, portanto não escrevemos no papel.*

Chamamos de **pauta**, esse conjunto de 5 linhas e 4 espaços:

Nós aprendemos que o piano tem 3 regiões:

REGIÃO.................... REGIÃO.................... REGIÃO....................

Vamos dividir estas regiões em 2 zonas:

Região Grave   Região Média   Região Aguda
———————ZONA DE BAIXO——————— ——————ZONA DE CIMA——————

Na zona de cima, moram os sons da região aguda e alguns sons da região média.
Na zona de baixo, moram os sons que restaram na região média e todos os sons da região grave.

Como trabalhamos com duas zonas, vamos usar duas pautas. Uma para escrever os sons da zona de cima e outra para os sons da zona de baixo:

PAUTA DA ZONA DE CIMA →

PAUTA DA ZONA DE BAIXO →

Existe um sinal muito importante que se chama **clave** e que serve para dar nome as notas. Vamos usar uma clave para a pauta da zona de cima e uma clave para a pauta da zona de baixo

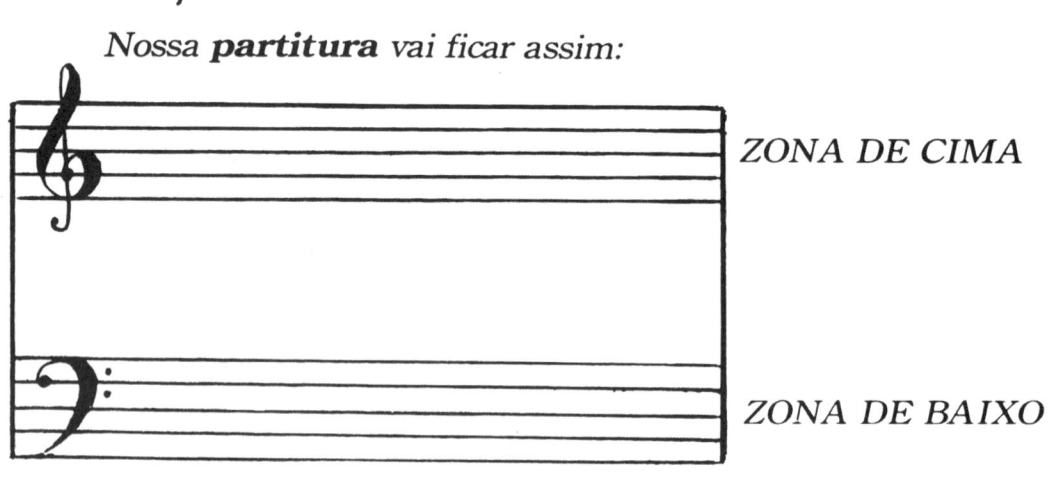

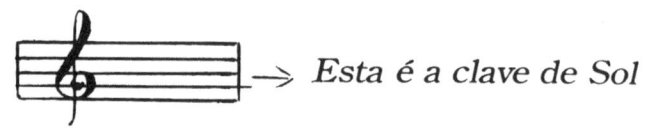

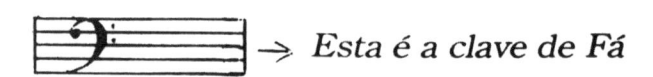

Nossa **partitura** vai ficar assim:

ZONA DE CIMA

ZONA DE BAIXO

→ Esta é a clave de Sol

→ Esta é a clave de Fá

Vamos usar a clave de Sol (𝄞), na zona ....

Vamos usar a clave de Fá (𝄢), na zona ....

Existe uma notinha que vai servir de "muro", dividindo a zona de cima da zona de baixo. Você já tocou esta nota várias vezes, mas agora vai conhecer o nome dela. Nós a chamamos de **Dó Central**.

Aqui está o retrato do Dó Central

ou

No piano ele "mora" aqui: (Ao lado esquerdo do grupo de 2 notas pretas)

Dó Central

Vamos localizar outros Dós?! Marque com um "**x**" todos os Dós do teclado de papel. Experimente tocá-lo no piano. Agora um novo livro com muitas brincadeiras e canções bonitas espera por você. ATÉ LÁ!...

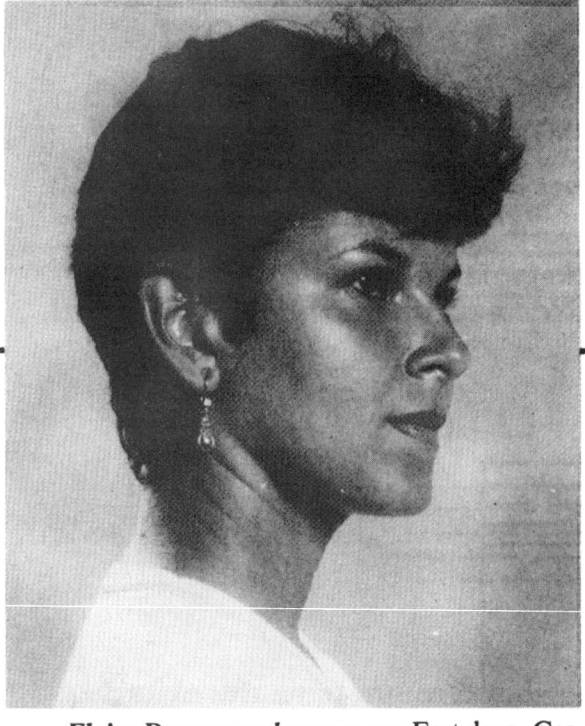

Elvira Drummond nasceu em Fortaleza, Ceará. Bacharel em piano e licenciada em música pela Universidade Estadual do Ceará. É atualmente professora do Departamento de Artes da Universidade Federal do Amazonas, onde leciona as disciplinas: Estruturação Musical e História da Música, além de colaborar com as atividades do setor de Artes da mesma Universidade, ministrando aulas de piano e iniciação musical.

É membro da Academia Cearense de Música e pertenceu ao Conselho de Cultura do Estado do Ceará, respondendo pela cadeira de música erudita.

BIBLIOGRAFIA

Brinquedos de Roda (50 canções folclóricas para piano a quatro mãos) - São Paulo, Ricordi Brasileira S/A - 1986.

Ouvir e Criar (Caderno de Atividades para Iniciação Musical). Fortaleza, Gráfica Batista - 1988.

Nossos Dez Dedinhos (Método de piano que dá continuidade ao "Caderno Preparatório") Rio de Janeiro, Bruno Quaino Material Cultural Ltda. - 1988.

CIP-BRASIL. CATALOGAÇÃO NA PUBLICAÇÃO
SINDICATO NACIONAL DOS EDITORES DE LIVROS, RJ

D859i

   Drummond, Elvira, 1954-
     Iniciação ao piano : caderno preparatório / Elvira Drummond. - 1. ed., reimpr. - São Paulo : Irmãos Vitale, 2019.
     56 p. ; 31 cm.

     Inclui bibliografia e índice
     Introdução, agradecimentos, biografia
     ISBN 978-85-7407-401-6

     1. Música - Instrução e estudo. 2. Piano - Instrução e estudo. I. Título.

19-61866   CDD: 786.2
                      CDU: 78.089.7

-bottom: 0.0001pt;">-size: 10pt;">
Leandra Felix da Cruz - Bibliotecária - CRB-7/6135

09/12/2019   12/12/2019